BIBLIOTHÈQUE BRÉSILIENNE

492

Klester CAVALCANTI

492

CONFESSIONS D'UN TUEUR À GAGES

Traduit du brésilien
par Hubert Tézenas

Éditions Métailié
20, rue des Grands Augustins, 75006 Paris
www.editions-metailie.com
2018

Retrouvez-nous sur les réseaux sociaux :

Titre original : *O nome da morte*

ISBN : 979-10-226-0736-0
ISSN : 0291-493X

Dédicace :

À mes parents, Débora et Alcindo
À mon fils des autres, Diego

Remerciements :

À mon frère, Kaíke Nanne,
pour son amour et son soutien de tous les instants

À mes amis
Alexandre Mansur, Janduari Simões,
Roberto Sadovski et Valdemir Cunha,
pour leurs encouragements constants

Note de l'auteur

Il aura fallu sept ans de discussions pour que Júlio Santana m'autorise à citer son vrai nom dans ce livre. La première fois que nous nous sommes parlé, en mars 1999, il a accepté de me raconter son histoire mais pas de révéler son identité ni de se laisser photographier par moi – ou par qui que ce soit d'autre. Rien de plus compréhensible. L'homme avec qui j'ai engagé la conversation ce jour-là – à raison d'une interview par mois en moyenne – est un assassin professionnel qui, en trente-cinq ans de carrière, a tué près de cinq cents personnes. Quatre cent quatre-vingt-douze pour être précis, dont quatre cent quatre-vingt-sept ont été dûment répertoriées dans un cahier avec la date et le lieu du crime, la somme perçue pour son travail et, plus important encore, les noms du commanditaire et de la victime.

Mon premier contact avec cet étrange citoyen brésilien a eu lieu lors d'un reportage sur le travail esclave. À l'époque, en mars 1999 donc, j'étais correspondant du magazine *Veja* en Amazonie, un poste que j'ai occupé pendant un peu plus de deux ans. Pour les besoins dudit reportage, le photographe Janduari Simões et moi nous étions rendus dans plusieurs villes du Pará, à la recherche de gens qui avaient été asservis et de fazendeiros qui employaient des esclaves sur leurs terres. Au cours d'une opération conjointe de la police fédérale et du ministère de la Justice sur la commune de Tomé-Açu, un policier nous a expliqué qu'il était fréquent dans la région que les fazendeiros recrutent des pistoleros pour tuer des proches – en général des fils ou des frères –, des travailleurs asservis qui fuyaient les fazendas. C'était un moyen de forcer l'esclave à reprendre le travail.

Quand je lui ai fait part de mon souhait de rencontrer un de ces tueurs, un agent de la police fédérale participant à l'opération de Tomé-Açu m'a dit qu'il en connaissait un et qu'il allait lui demander s'il pouvait me donner son numéro de téléphone. Pour qui connaît les coulisses de la police brésilienne, ce type de liens amicaux entre policiers et criminels n'a malheureusement rien de nouveau. Mais je n'ai vraiment cru que l'agent de la PF allait me transmettre les coordonnées du tueur que deux jours plus tard, quand il m'a rappelé en disant qu'il lui avait parlé et que je pourrais lui téléphoner le lendemain à 14 heures pile. Le numéro qu'il m'a fourni était celui d'une cabine qui se trouvait devant une boulangerie de Porto Franco, dans le Maranhão. Ce jeudi-là, le 18 mars 1999, pendant un échange qui a duré presque une demi-heure, j'ai appris que l'homme dont je voulais raconter l'histoire s'appelait Júlio Santana et qu'il avait commis son premier homicide en 1971, à dix-sept ans.

Ni les paroles ni le ton de Júlio ne m'ont donné l'impression que j'avais affaire à un individu violent ou agressif. Il s'exprimait de façon mesurée et sereine, avec un fort accent nordestin. Dès ce premier contact, il m'est clairement apparu qu'il avait envie de raconter son histoire. "Si vous voulez, je vous dis tout. Je n'ai jamais parlé de ça à personne", a-t-il dit. Avant de prendre congé, lui et moi sommes convenus de nous rappeler cinq jours plus tard, à la même heure. À peine avais-je raccroché que j'ai appelé Laurentino Gomes, le rédacteur en chef de *Veja*, à São Paulo, qui était chargé d'approuver mes idées de reportage. La perspective de faire le portrait d'un tueur à gages l'a enthousiasmé. En revanche, nous ne pouvions pas publier un récit aussi sensationnel sans dévoiler, au minimum, le vrai nom de son personnage central. Et si le tueur acceptait de poser pour une photo, ce serait encore mieux. Chaque fois que je discutais avec Júlio, ma fascination pour son histoire augmentait. Mais mes espoirs de le voir accepter que soient divulgués son nom et sa photo, eux, diminuaient. En tout cas à court terme.

Pendant les sept années suivantes, j'ai poursuivi mon dialogue avec cet homme qui a tué près de cinq cents personnes et n'a jamais exercé d'autre activité professionnelle. Chaque coup de fil a resserré nos liens. Je sentais qu'il avait de plus en plus confiance en moi et se racontait avec de plus en plus de sincérité et d'émotion. Je revenais de temps en temps sur mon envie de relater sa vie – avec déjà l'idée d'en faire un livre – en ajoutant qu'il fallait absolument que je puisse publier son vrai nom et une image de lui. Júlio restait inflexible. Mais j'étais certain qu'il changerait d'avis un jour. Ce jour est arrivé en janvier 2006, quand, pendant une conversation, Júlio m'a annoncé qu'il avait décidé d'abandonner sa vie de tueur et de partir s'installer loin du Maranhão avec sa femme et ses deux enfants.

Grâce à cette information, j'ai réussi à le convaincre que sa plus grande peur – celle d'être mis en prison si son identité apparaissait dans un livre – n'avait plus aucune raison d'être. À partir du moment où il mènerait dans un autre État une existence totalement différente de celle qui avait été la sienne jusque-là, il ne courrait plus aucun risque d'être repéré par la police. "Mais si vous mettez ma photo dans le livre, ils m'auront", a dit Júlio. Je lui ai expliqué que cette photo m'était indispensable, mais que nous utiliserions un effet technique quelconque pour rendre son visage méconnaissable. À ce moment-là, preuve de confiance extrême, il a enfin accepté que je publie son nom et une image de lui dans le livre. Ce livre. Il me manquait encore quelque chose de très important : une rencontre personnelle avec le tueur. Jusque-là, tous mes échanges avec Júlio Santana avaient eu lieu au téléphone. Je ne connaissais ni son aspect physique, ni sa démarche, ni sa façon de s'asseoir, ni son sourire. Je ne connaissais ni sa maison, ni sa femme, ni ses enfants. Pour voir tout cela et connaître l'univers que s'était construit ce fascinant acteur de la réalité brésilienne, je suis allé en avril 2006 à Porto Franco, où vivaient Júlio et sa famille. Là, j'ai passé trois jours aux côtés d'un homme calme, enjoué, casanier, affectueux avec les siens et très religieux. Un homme apparemment ordinaire. Au profil bien différent de celui des assassins qui peuplent la littérature et le cinéma.

Avec trois blocs-notes exclusivement remplis par la retranscription de mes entretiens avec Júlio, je suis passé à la phase suivante de mon travail : la recherche d'autres sources, des documents et des gens, à même de confirmer – ou non – les dires du sujet de ce livre. Au cours de cette étape, j'ai interviewé près de quarante personnes – des policiers, d'anciens garimpeiros* de Serra Pelada, des proches de victimes de Júlio – et j'ai eu accès à des rapports d'enquête policiers et à des dossiers judiciaires. Il a été réconfortant de constater que ces sources, documentaires comme humaines, non seulement corroboraient tout ce que m'avait raconté Júlio, mais apportaient des précisions détaillées sur les faits décrits dans ce livre. L'un des témoignages les plus surprenants a été celui de l'ex-député et ex-président du Parti des travailleurs José Genoino Neto**.

Júlio Santana m'avait décrit sa participation à la capture de José Genoino en avril 1972, pendant la Guérilla de l'Araguaia. Pour attester la véracité de cette histoire, j'ai pris rendez-vous avec Genoino chez lui, à São Paulo. Pendant l'interview, je lui ai dit qu'une de mes sources – je n'ai pas révélé laquelle – affirmait avoir participé à son arrestation. Je lui ai répété tout ce que m'avait raconté Júlio, avec des détails minimes comme la couleur du chien qui était dans la cabane où avait été emprisonné le guérillero. Quand je me suis tu, José Genoino a tout confirmé. Et a dit : "C'est

---

* Chercheur d'or. (*Toutes les notes sont du traducteur.*)

** Parti des travailleurs : parti des ex-présidents Lula (Luiz Inácio da Silva) et Dilma Rousseff, au pouvoir de 2003 à mi-2016.
José Genoino a été l'un des personnages politiques les plus influents du Brésil au début du mandat de Lula, avant d'être compromis en 2005 dans une affaire de corruption qui fit grand bruit.

certain, ce type y était. Vous venez de mentionner des détails dont je n'ai jamais parlé à personne." Genoino se souvenait aussi de la présence, au sein du groupe qui l'avait arrêté, d'un garçon bien plus jeune que les autres. C'était Júlio Santana, qui, à l'époque, avait dix-sept ans.

L'histoire que vous allez lire retrace la vie d'un homme, né dans un trou perdu de la jungle brésilienne, qui avait tout pour devenir un pêcheur paisible, oublié dans les profondeurs de la forêt, comme il en existe tant en Amazonie. Des gens abandonnés par les autorités et par le gouvernement dans des hameaux où il n'y a aujourd'hui encore ni électricité, ni eau courante, ni égout, ni école, ni dispensaire. Où la sécurité est inexistante et où la police ne met pas les pieds. Un univers d'une grande beauté naturelle, peuplé d'animaux extraordinaires et couvert d'arbres centenaires et de cours d'eau apparemment sans fin. C'est de ce monde fabuleux et inhospitalier qu'est sorti Júlio Santana, un Brésilien qui a passé sa vie à tuer des Brésiliens. Et n'allez pas croire que tous ses crimes ont été commis au fin fond de l'Amazonie. En trente-cinq ans de métier, Júlio a tué des gens dans bon nombre d'États, dont ceux de São Paulo, de Bahia, du Paraná et de Goiás. Mais il s'est toujours enorgueilli de n'avoir jamais assassiné personne par haine ou de son propre chef. "Je ne tue que quand on me paye pour tuer", m'a-t-il dit je ne sais combien de fois. Et malgré les près de cinq cents morts qu'il porte sur ses épaules, Júlio Santana n'a été arrêté qu'une seule fois, en mai 1987. Il espère ne pas revivre cela.

LE PREMIER BOULOT

Cela faisait environ trois heures que Júlio épiait le pêcheur Antônio Martins en pleine jungle amazonienne, à la frontière du Maranhão et de la partie nord de Goiás – actuel État du Tocantins, fondé en octobre 1988. La chaleur était intense. Mais il avait étrangement froid, et son estomac était noué. Tapi entre les arbres séculaires, dont certains mesuraient plus de quarante mètres, il maintenait sa carabine pointée sur le pêcheur. Depuis les fourrés, il voyait Antônio assis dans sa pirogue sur un bras du Rio Tocantins. Il savait parfaitement quoi faire. *Mets-lui une balle dans le cœur et on n'en parlera plus*, se disait-il. Pour un garçon qui venait d'avoir dix-sept ans et n'avait jamais tiré sur personne, la tâche n'était pas aussi simple.

Pesant soixante-cinq kilos pour un mètre soixante-seize, Júlio était maigre, encore imberbe, avec un long nez, des lèvres fines et des cheveux noirs crépus. Sa peau brune soulignait la clarté de ses yeux noisette. En cet après-midi du 7 août 1971, il essayait de faire ce que son oncle, le policier militaire Cícero Santana, lui avait ordonné la veille au soir : "Vise-le au cœur et imagine-toi que tu vas abattre un animal, comme à la chasse." Mais l'idée de tirer sur un homme le mettait mal à l'aise. Ce n'était pas comme tuer des pacas*, des pécaris, des singes et des chevreuils comme il était habitué à le faire pour ramener de quoi manger à la maison. Perturbé par cette situation insolite, il s'assit sur le sol encore humide des pluies de la nuit. Il cala la carabine

* Rongeurs de grande taille.

entre ses genoux et, adossé à un gros noyer, repensa à la façon dont il s'était retrouvé là.

Tout avait commencé deux jours plus tôt. Vers 17 heures, Júlio était rentré de la forêt. Après quatre heures de chasse, un jeune chevreuil sur les épaules. La viande de l'animal nourrirait la famille au moins une semaine. Le jeune homme n'était pas peu fier. Il l'avait tué d'une seule balle, précise, dans le front. Júlio vivait avec ses parents – seu Jorge, quarante-trois ans, et dona Marina, trente-huit ans – et ses deux jeunes frères de quatorze et onze ans Pedro et Paulo, au bord du Rio Tocantins, dans un hameau de baraques en bois situé sur la commune de Porto Franco, au sud-ouest du Maranhão. Au début des années 1970, cette région était totalement isolée au cœur de la jungle, et Porto Franco comptait environ deux mille habitants – contre dix-huit mille aujourd'hui.

La maison ne comportait aucune cloison intérieure. Le fourneau à bois était sur le devant, à gauche de l'entrée. Une planche verticale séparait le fourneau et les ustensiles de cuisine – trois casseroles, quelques cuillers, deux grands couteaux et cinq verres – du meuble en bois construit par seu Jorge qui servait entre autres à ranger les vêtements. Il n'y avait ni table ni chaises. L'électricité n'était pas arrivée jusqu'à eux – beaucoup de villages de cette région n'y ont toujours pas accès à ce jour. Les cinq hamacs où ils dormaient restaient déployés en permanence. Júlio avait aussi un frère aîné, Joaquim, vingt et un ans, qui était parti à dix-huit ans s'installer à São Luís, la capitale du Maranhão, où il espérait trouver une vie meilleure. La famille n'avait plus jamais eu de ses nouvelles.

Júlio reconnut de loin, amarré à un tronc, le hors-bord – un canot à moteur en aluminium – de son oncle Cícero. Âgé de trente et un ans à l'époque, Cícero Santana avait lui aussi grandi là. Puis, à quinze ans, il s'en était allé tenter sa chance à Imperatriz, une autre grande ville du Maranhão. Il était réapparu un jour en uniforme de soldat pour annoncer qu'il venait de s'enrôler dans la police militaire. Cícero était l'orgueil de la famille. Il adorait chasser, pêcher et marcher en forêt. Júlio avait appris à tirer avec lui. À onze ans, il était déjà capable de toucher un animal "de l'autre côté du fleuve", à une bonne centaine de mètres. Les nombreuses heures qu'ils avaient passées ensemble à arpenter la jungle, s'entraîner au tir, chasser, pêcher et nager dans les eaux boueuses du Tocantins avaient créé entre eux une amitié étroite et admirée de tous.

À la vue du hors-bord de son oncle, Júlio ajusta la position du chevreuil sur ses épaules et allongea le pas. La dernière visite de Cícero remontait à deux semaines. Le policier militaire venait régulièrement se reposer quelques jours chez eux, au moins une fois par mois. Avant d'entrer, Júlio déposa sa prise à la porte de la baraque. Il courut vers son oncle, tout fier de lui.

– Viens voir ce que je ramène, tio[*] ! C'est un chevreuil, un jeune. Je l'ai tué d'une balle dans la tête, comme tu me l'as appris. Sa viande sera sûrement délicieuse.

– Bien joué, gamin.

Cícero sourit à son frère Jorge et passa un bras autour des épaules du jeune homme avant d'ajouter :

– Viens, allons voir cette bête.

Ce soir-là, la pleine lune illuminait la forêt. Ses rayons se reflétaient sur le Rio Tocantins, ce qui donnait l'impression que le jour se levait. Pendant le dîner – du poisson frit, du riz et de la farine de manioc –, Cícero parla de la présence de militaires venus de São Paulo, de Brasília et du Pará entre Porto Franco et Marabá, au sud-est du Pará. Les petites villes de la région grouillaient de soldats.

– Ils disent qu'ils cherchent les communistes qui se cachent dans les forêts du Rio Araguaia et aussi par ici, expliqua le policier militaire.

* "Oncle" ou "tonton".

– C'est vrai qu'on ne parle que de ça, dit seu Jorge.

Júlio les écoutait d'une oreille distraite, sans chercher à comprendre.

– Il paraît que ces communistes cherchent à détruire le Brésil, et on doit les en empêcher. L'armée demande même aux habitants du coin de l'aider à leur faire la guerre.

– Et comment est-ce que les gens peuvent aider l'armée ? demanda dona Marina.

– J'ai un ami qui est commissaire de police à Xambioá (ville du nord de l'État du Tocantins, sur le Rio Araguaia). Il m'a dit que les militaires avaient besoin de gens qui connaissent bien la jungle pour leur servir de guides, et aussi de bons tireurs pour les aider à chasser les communistes.

En entendant la réponse de son oncle, Júlio, qui jusque-là n'avait pas prêté attention à la conversation, se manifesta.

– Je sais tirer et je connais la jungle comme ma poche, tio. Tu m'emmènes là-bas ?

– Arrête de dire n'importe quoi, mon fils ! intervint dona Marina. Tu crois peut-être que c'est un jeu ?

Pour échapper à la chaleur poisseuse, Cícero et Júlio sortirent après le dîner faire un tour en bateau. Il était un peu plus de 19 heures. Ils descendirent un bras du Tocantins et, vingt minutes plus tard, tirèrent le hors-bord sur une plage longue d'une centaine de mètres au cœur de la végétation. Ils se déshabillèrent et plongèrent dans l'eau tiède. Le brouhaha de la faune leur parvenait depuis la forêt. Des toucans et des aras criaillaient sans fin. Ils entendirent même feuler une panthère. Habitués à la vie dans la jungle, ils savaient qu'ils n'avaient rien à craindre de ce fauve. Jamais une panthère ne se jetterait à l'eau pour attaquer quelqu'un. Surtout en Amazonie, où les prédateurs de cette taille n'avaient aucun mal à se nourrir.

Cícero sortit une bouteille de cachaça du hors-bord et la tendit à Júlio en disant :

– Vas-y doucement, il ne faut pas que tu te soûles. Je n'ai aucune envie de me refaire engueuler par ta mère.

Dona Marina lui avait reproché plus d'une fois de pousser son fils à boire, mais Júlio aimait la cachaça. Il y avait pris goût dès l'enfance, avec son oncle. S'il n'arrivait pas à se faire au goût de la bière, il ne refusait jamais l'eau-de-vie. Tous deux restèrent à se baigner, en bavardant, pendant plus d'une heure. Leurs sujets de conversation habituels étaient le football, la chasse et les femmes. Cícero était le seul membre de la famille à qui Júlio ait parlé de son flirt avec Ritinha, une adolescente de quatorze ans à la peau brune, aux yeux immenses et à la bouche charnue qui vivait dans un autre hameau, à une heure de rame de chez lui. Ils se voyaient depuis deux mois.

– Elle est trop belle.

– De corps aussi ?

– Si tu savais ! Ses cuisses et ses fesses me rendent dingue.

– Vous l'avez déjà fait ?

– Fait quoi ?

– Tu sais bien, Julão.

Cícero était le seul à l'appeler par ce surnom, qu'il lui avait donné parce que Júlio frôlait le mètre quatre-vingts.

– Non. Non, pas encore. Mais c'est seulement parce qu'elle ne veut pas. J'ai déjà essayé deux fois. Elle me laisse lui toucher les seins, le ventre. Mais dès que je descends plus bas, Ritinha repousse ma main en disant que c'est trop tôt.

– Très bien. Continue comme ça, elle finira par écarter les jambes.

Júlio se souvient aujourd'hui encore de ne pas avoir aimé la façon dont son oncle parlait de Ritinha. En même temps, il en fut amusé et se sentit conforté dans l'idée que, tôt ou tard, il perdrait son pucelage avec elle. Ils étaient encore dans l'eau quand Cícero dit qu'il avait froid.

– Tu es malade, tio ? On crève de chaud, et tu me dis que tu as froid !

– Je crois qu'on s'est baignés trop longtemps, Julão. Viens, on retourne sur le sable.

Mais une fois sur la plage, même après s'être essuyé avec sa chemise, Cícero continua de trembler. Il se plaignit aussi d'un début de mal au crâne.

– J'ai l'impression que cette trempette m'a fichu la crève. On va rentrer.

Dès leur retour, Cícero s'allongea dans son hamac. Seu Jorge et ses deux plus jeunes fils dormaient déjà. Mais dona Marina, qui était installée dans le hamac voisin de celui de son mari, se releva. Son premier geste fut de sentir l'haleine de Júlio. Elle ne détecta aucune odeur de cachaça. Mais elle savait que Cícero et lui avaient bu : tous deux venaient de mâcher du gingembre pour masquer l'odeur de l'alcool. Et dona Marina savait bien que mâcher du gingembre aussi tard le soir, après une promenade en bateau, n'avait qu'une seule fonction.

– Vous avez pris du gingembre pour éviter de puer la cachaça, pas vrai ? Et vous croyez pouvoir me rouler avec ça ? Au moins, ajouta-t-elle en s'adressant à son fils, tu n'as pas l'air aussi soûl que l'autre fois.

– J'ai à peine bu deux gorgées, mère, se défendit Júlio, toujours très respectueux envers ses parents.

– D'accord. Mais on dirait que ton oncle a sifflé le reste de la bouteille. Il tient à peine debout.

– Non, mère, ce n'est pas ça. Il ne se sent pas bien. Il dit qu'il a froid et mal au crâne.

Dona Marina s'approcha de son beau-frère, qui se plaignait de douleurs dans tout le corps. Elle posa une main sur son front. La laissa descendre sur sa joue pour lui toucher le cou. Pas de doute, il brûlait de fièvre.

– Tu as mal où ? demanda-t-elle.

– Partout, Marina. De la tête aux pieds.

Elle le recouvrit de deux draps – le sien et celui de Júlio –, appliqua sur son front un chiffon imbibé de cachaça et décréta :

– C'est la malaria.

Cícero l'entendit mais n'eut pas la force de prononcer un mot. Dona Marina remonta dans son hamac et chargea Júlio de veiller le malade.

– Si ça empire, dit-elle, préviens-moi.

Júlio passa la nuit assis par terre à côté de Cícero, qui geignait sans arrêt. Il finit par s'endormir sur le plancher, affalé contre le hamac de son oncle.

À 7 heures du matin, tout le monde était déjà réveillé. Cícero resta dans son hamac, toujours à se plaindre de sa fièvre et de ses douleurs. Il disait avoir la nausée. Quand la famille eut pris un petit-déjeuner à base de pain, de manioc, de poisson frit et de café, seu Jorge lui apporta du pain et un verre de café. Cícero aurait préféré ne rien manger, mais son frère l'y obligea. Il croyait avoir attrapé la malaria pendant un de ses déplacements professionnels dans la jungle. Il n'y avait rien à faire, à part attendre que les symptômes disparaissent – aujourd'hui encore, il n'y a aucun moyen de guérir de la malaria. Dona Marina sortit vider le chevreuil tué la veille par Júlio, seu Jorge s'en alla pêcher pour le repas de midi. Pedro et Paulo étaient partis en pirogue vers l'école publique, une baraque en bois construite dans un autre village, à une demi-heure de rame. Júlio y avait terminé son primaire à quatorze ans. Cícero étant malade, il se sentit obligé de rester à son chevet.

Ils se retrouvèrent seuls à la maison. À ce moment-là, son oncle engagea avec lui une conversation qui tourmenterait à jamais ses pensées. Leurs hamacs étaient côte à côte. Júlio râlait une fois de plus contre la chaleur quand Cícero dit :

– Julão ? J'ai besoin que tu fasses quelque chose de très difficile et de très important pour moi. Mais tu ne devras en parler à personne. Ni à tes parents ni à tes frères. Ni à Ritinha. Vraiment à personne.

– Je t'écoute, tio.

– C'est très sérieux, Julão.

– Puisque je te dis que je t'écoute ! Tu peux me faire confiance.

– Je sais. C'est pour ça que tu es le seul à qui je peux demander ce coup de main.

– Arrête de tourner autour du pot ! Vas-y, parle !

Cícero commença par faire une révélation qui stupéfia Júlio. Pour arrondir ses fins de mois, il combinait ses fonctions dans la police militaire avec une activité peu banale : il était tueur à gages. Il exerçait ce métier depuis près de deux ans. Júlio n'en crut pas ses oreilles. Son oncle qu'il aimait tant était un assassin. Un homme qui tuait des gens pour l'argent. Il l'écouta les yeux écarquillés et le cœur battant. Il crut que son oncle plaisantait ou délirait sous l'effet de la fièvre. Mais Cícero parlait avec une froideur et une assurance qui ne laissaient aucune place au doute. Tout était vrai. Le plus étonnant était la manière dont il avait basculé dans le banditisme.

Cícero raconta à Júlio qu'un jour d'octobre 1969, pendant une opération de la PM, le bataillon dont il faisait partie avait arrêté trois hommes soupçonnés d'avoir exécuté quatre ouvriers agricoles près de São Francisco do Brejão, dans l'ouest du Maranhão. À la stupeur de Cícero, entré dans la PM moins de deux ans plus tôt, un des suspects était une connaissance à lui, un certain Arnaldo da Silva, vendeur de fruits à Imperatriz. Quand il avait demandé à Arnaldo pourquoi il était devenu pistolero, la réponse de celui-ci avait éveillé son intérêt. Les commanditaires d'un assassinat payaient dans les 1 000 cruzeiros au tueur – c'est-à-dire entre quatre et cinq fois le salaire minimum mensuel de l'époque, qui était de 225 cruzeiros. C'était plus du double de ce que Cícero touchait pour un mois de travail à la PM.

– Tu es devenu bandit pour l'argent, tio ? demanda Júlio, estomaqué.

– Je ne suis pas un bandit, gamin. Et si je ne fais pas le travail, tu peux être sûr que quelqu'un d'autre s'en chargera. Ce qui veut dire que le pauvre bougre y passera de toute façon. Et ça me permet de gagner plus.

– Mais… tu es policier ! Comment est-ce qu'on peut être en même temps policier et bandit ?

– Je viens de te le dire : je ne suis pas un bandit. Et c'est grâce à ces boulots que je fais en extra que j'ai de quoi m'acheter certains trucs. Comment tu crois que je me suis payé mon hors-bord ?

Les mots sortaient hachés de la bouche de Cícero. Sa respiration était lente, lourde. Après une pause, il ajouta qu'il était là pour le travail. Que s'il venait de se taper quatre-vingt-dix-sept kilomètres en canot – la distance entre Imperatriz et Porto Franco –, ce n'était pas seulement pour le plaisir de revoir son frère et son neveu. Il avait été payé pour tuer un pêcheur du coin. Sa victime devait être Antônio Martins, trente-huit ans, né à São Geraldo do Araguaia, dans le sud-est du Pará. Sa famille était originaire du Rio Grande do Sul, et le pêcheur était connu sous le surnom d'Amarelo* – à cause de ses cheveux blonds et de sa peau claire. Antônio avait l'habitude de se vanter de la façon dont il avait dû fuir São Geraldo do Araguaia après avoir assassiné, à coups de couteau, un type avec lequel sa petite amie le trompait. Tout le monde dans la région le connaissait pour cette histoire. Y compris Júlio. Ce qui le terrifia encore plus.

– Tu vas tuer Amarelo ? demanda-t-il, le souffle coupé, en se levant de son hamac.

– Rassieds-toi, Júlio. Pourquoi tu t'agites comme ça ?

Júlio se mit à arpenter de long en large la pièce d'un peu plus de six mètres carrés.

– Pourquoi je m'agite ? Tu es devenu fou, ma parole ! Oui, ça doit être ça. Tu me dis que tu vas tuer Amarelo et tu voudrais que je reste tranquille ?

– Parle plus bas, gamin. Tu as envie que ta mère nous entende ?

– Mère est au bord du fleuve, en train de vider le chevreuil. Elle ne peut pas nous entendre.

– Si tu continues à parler aussi fort, je te garantis qu'elle va nous entendre. Allez, remonte dans ton hamac et calme-toi. Je ne vais pas tuer ce salaud d'Amarelo. Je n'ai même plus la force de me lever.

---

* "Jaune".

– Encore heureux, soupira Júlio en se rallongeant.

Il s'installait encore dans le hamac en mouvement quand Cícero lâcha une phrase qui explosa comme une bombe sous son crâne :

– C'est toi qui vas tuer Amarelo.

Júlio resta muet. Il sentit son âme se glacer. Il n'arrivait plus à penser. Il ne savait pas quoi dire. Il se souvient que son oncle continua de parler. Mais ses mots ne lui parvenaient plus. Il détourna les yeux vers la fenêtre du fond. La forêt brillait sous le soleil implacable. Son regard acéré et habitué aux longues parties de chasse dans la jungle distingua un paresseux accroché à une branche. Le pelage gris de l'animal se détachait au milieu de la végétation. Il en vint à envier l'existence apparemment si paisible de cet animal. Il jeta la jambe gauche hors du hamac et, d'une légère poussée du pied sur le sol de planches, commença à se balancer. Il écouta grincer les cordes, comme si c'était une musique, les yeux toujours fixés sur le paresseux. Il essayait de se persuader qu'il aurait été bien agréable de vivre comme une bête sauvage quand Cícero bloqua d'une main le va-et-vient du hamac.

– Tu entends ce que je te dis, Júlio ?

– Je ne veux pas l'entendre.

Le jeune homme fit mine de se relever, mais son oncle lui attrapa le bras et dit qu'il comprenait sa réaction. Un brave garçon comme lui ne pouvait pas accepter l'idée de tuer quelqu'un. Il alla jusqu'à dire qu'il était fier que son neveu soit aussi dégoûté par sa demande. Mais la situation était beaucoup plus complexe que Júlio ne pouvait l'imaginer. Cícero avait accepté de tuer Amarelo. Et déjà touché 700 cruzeiros à titre d'avance. Son travail lui rapporterait en plus trente kilos de riz, vingt de haricots secs, dix de café, dix de sucre et cinq de fromage, plus dix bidons d'huile et douze bouteilles de cachaça. Cette partie du règlement en nature était le résultat d'un accord entre Cícero et l'homme qui l'avait engagé pour tuer le pêcheur : Marcos Lima, encore une connaissance de Júlio.

À trente-six ans, Lima exerçait une activité toujours très répandue dans les villages fluviaux de l'Amazonie. Il était *regatão*, et son travail consistait à transporter, en bateau, des produits industrialisés jusque dans les zones les plus reculées de la jungle pour les vendre aux habitants. Comme il n'avait pas les 1 000 cruzeiros demandés par Cícero pour tuer Amarelo, Lima avait proposé de payer le reste avec des aliments qu'il vendait.

– Et toute cette bouffe va rester ici, chez vous, dit Cícero. Je garderai juste la cachaça et le fromage.

– Je me fiche de tout ça, tio. Je ne vais tuer personne. J'ai toujours du mal à croire que tu me demandes un truc pareil. Tu voudrais que je devienne un assassin comme toi ? Dieu m'en préserve !

– Tu ne vas pas devenir un assassin, Julão, répondit Cícero d'un ton caressant, en lui reprenant le bras. Tu vas juste faire ce boulot et tu n'auras plus jamais à tremper dans ce genre d'embrouille.

– Je ne veux pas, tio. Je ne veux pas.

– Je comprends. Et je trouve ça très bien. Mais si tu ne le fais pas, c'est moi qui vais mourir.

– Pourquoi ?

– Parce que Lima m'a déjà payé. Et c'est comme ça dans notre métier. On touche le fric d'abord, et ensuite il faut faire le travail. Sinon, c'est le pistolero lui-même qui se fait descendre. Tu as envie que je meure ?

– Bien sûr que non !

– Alors fais ce que je te demande.

Le temps passait, et la conversation n'avançait pas. Cícero tentait de convaincre son neveu qu'il devait tuer Amarelo. Et Júlio refusait avec véhémence. Mais l'insistance de son oncle fut si grande que, à un moment donné, le jeune homme envisagea la possibilité de faire ce qu'il lui demandait.

– Si encore c'était pour tuer un inconnu, je pourrais peut-être dire oui. Mais Amarelo passe son temps à venir pêcher par ici. Je sais que c'est un emmerdeur et qu'il s'attire tout un tas d'ennuis. Mais on ne tue pas quelqu'un juste parce qu'il vous emmerde. Qu'est-ce qu'il a fait à Lima ?

– Quelque chose de très grave, Julão. Au-delà de tout ce que tu peux imaginer.

– Quoi donc ?

Deux semaines plus tôt, raconta Cícero, Amarelo avait violé la fille de Lima, la petite Lúcia, treize ans. Par un après-midi nuageux, il était passé en pirogue devant la maison du *regatão*. L'adolescente se baignait dans le fleuve, en short et en t-shirt, avec son petit frère José, sept ans. Le bateau à moteur sur lequel Lima transportait ses marchandises n'était pas là, ce qui indiquait que leur père était parti travailler. Amarelo rama jusqu'à quelques mètres de Lúcia et offrit de l'emmener sur un lac non loin de là, où il affirmait avoir vu une famille de dauphins roses. Comme presque tous les enfants de la région, Lúcia adorait les dauphins. Elle en avait déjà vu plusieurs fois de cette espèce. Mais c'était toujours un plaisir de regarder ces si belles bêtes se promener sur les flots. José aussi adora l'idée – comme il le raconterait plus tard à ses parents –, mais Amarelo dit qu'il était trop jeune pour aller jusqu'au lac. Bien que ses parents lui aient donné l'ordre de ne pas s'approcher du pêcheur, Lúcia monta dans sa pirogue. Quand elle vit son fils barboter seul dans l'eau, dona Lívia, trente-deux ans, lui demanda où était passée Lúcia.

– Elle est allée voir les dauphins roses, maman.

– Avec qui ?

– Avec Amarelo.

Lívia s'inquiéta. Elle ordonna à son fils de sortir de l'eau et de rentrer à la maison. Tout le monde au village connaissait l'intérêt du pêcheur pour Lúcia. À force de faire l'éloge de son corps ferme et bien tourné, il s'était plusieurs fois disputé avec Lima. Lívia faillit sauter dans la pirogue familiale pour partir à la recherche de sa fille. Mais elle ne voulut pas laisser seuls José et son dernier-né de deux ans, Moisés. Elle s'assit sur le seuil. Et pria. Sans quitter le fleuve des yeux, avec son bébé dans les bras. L'attente ne fut pas longue. Environ un quart d'heure plus tard, Lúcia arriva à pas lents, la tête basse. Amarelo avait accosté un peu en amont du village où elle vivait et lui avait ordonné de descendre et de rentrer chez elle à pied.

Après avoir rejoint sa mère – qui, en la voyant approcher, avait remis le bébé dans son hamac –, Lúcia se jeta dans ses bras. Dona Lívia lui demanda ce qui s'était passé. Mais l'adolescente restait muette. Son regard terrorisé et perdu firent imaginer à sa mère les outrages qu'elle avait subis. Dona Lívia l'entraîna vers le fleuve. Ensemble, elles entrèrent dans l'eau jusqu'à la taille. Avec précaution, dona Lívia retira le short de sa fille, qui gardait le silence et refusait obstinément de lever la tête. Elle examina ses vêtements et découvrit des taches de sang à l'intérieur du short. Elle palpa en douceur le vagin de sa fille. L'adolescente dit d'une voix étranglée: "Ça fait très mal, maman." Amarelo l'avait violée dans sa pirogue. "Il a dit que si je ne me laissais pas faire et que je criais, il me laisserait attachée au milieu de la forêt pour que les bêtes me mangent", raconta-t-elle. Dona Lívia serra sa fille dans ses bras avec une force dont elle ne se savait pas capable. Elle ne se reconnut pas en sentant monter en elle le désir de tuer quelqu'un. Ce fut elle qui persuada son mari d'engager un pistolero pour liquider Amarelo.

– Voilà ce que m'a raconté Lima quand il m'a demandé de tuer Amarelo, dit Cícero à son neveu.

– Mon Dieu! s'exclama Júlio, qui connaissait Lúcia depuis l'école. Comment il a pu lui faire quelque chose d'aussi horrible? C'est vraiment une fille adorable.

– Tu vois? Cette ordure mérite vraiment de mourir. Mais je ne suis pas en état de le faire, Julão. Il va falloir que ce soit toi. Sinon, c'est moi qui risque d'y passer.

Aujourd'hui encore, Júlio Santana se souvient de ce qu'il ressentit, en ce matin du 6 août 1971, peu de temps avant de dire à son oncle qu'il tuerait Amarelo. Il se rappelle s'être demandé plusieurs fois quelles paroles utiliser. Il ne voulait surtout pas prononcer le mot “meurtre”, ni aucun autre qui renvoie à cette chose infâme. Il crut avoir trouvé le terme adéquat.

– D’accord. Je vais faire ce travail pour toi. Mais ne me demande plus jamais une chose pareille, dit-il d’une voix triste, sans regarder son oncle.

Au prix d’un effort énorme, son oncle se leva. Bien qu’ayant très mal aux muscles des jambes et des bras, il fit deux pas vers son neveu et s’agenouilla à ses pieds. Il prit son visage entre ses mains et l’embrassa sur le front.

– Merci beaucoup, Julão. Et pardonne-moi de te mêler à ce truc. Mais là, tu es vraiment le seul à pouvoir m’aider.

– Ça va, tio, dit le jeune homme, fuyant toujours le regard de Cícero.

Il ramena ses yeux sur le paresseux, toujours aussi tranquille et en sécurité sur son arbre. *Les animaux ont de la chance*, pensa-t-il.

La journée passa lentement. Dona Marina et seu Jorge s’étonnèrent de voir Júlio aussi renfermé. Pedro et Paulo rentrèrent de l’école et allèrent jouer dans le fleuve. En temps normal, Júlio aurait accompagné ses petits frères. Ce jour-là, pourtant, il ne quitta son hamac que vers 16 heures, pour aller marcher dans la forêt. Pedro, son frère de treize ans, voulut le suivre. Mais Júlio dit qu’il préférait être seul. En raison de sa proximité avec Cícero, toute la famille s’imagina qu’il était triste et inquiet à cause de la maladie de son oncle. Le soir précédant le jour du crime, Júlio ne fit que goûter un morceau de la viande tendre du chevreuil qu’il avait chassé la veille, après que sa mère eut beaucoup insisté. Peu après le dîner, tout le monde s’endormit. Mais lui n’arrivait pas à se détendre. Il n’arrêtait pas de se demander ce que ça lui ferait de tuer un homme. Amarelo avait beau être quelqu’un de cruel et de violent, qui méritait de payer pour avoir violé une innocente comme la petite Lúcia, seul Dieu avait le droit de le punir. C’était ce que lui avaient appris ses parents, tous deux dévots de saint Georges, qui allaient tous les dimanches à la messe dans la petite église de bois du village : celui qui désobéit à Dieu est puni et va en enfer. Et Júlio ne voulait ni l'un ni l'autre. L'idée le perturbait tellement qu'il décida d'en parler à Cícero. Il quitta son hamac et s'approcha de son oncle sur la pointe des pieds.

– Tio ? Tu es réveillé ?

– Oui. Qui pourrait dormir en ayant aussi mal partout ?

– J'ai dit que je ferais ce travail pour toi. Mais il y a quelque chose qui m'inquiète beaucoup.

– Quoi donc, Julão ?

– Si je fais ça, répondit Júlio en évitant toujours de parler de "mort" ou de quoi que ce soit du même genre, Dieu me punira. Je risque d'aller en enfer. Et je n'ai pas envie d'être puni ni d'aller en enfer.

Cícero comprit les craintes de son neveu et utilisa le même argument – la foi – pour le convaincre d'assassiner Amarelo.

– Je sais bien que tuer quelqu'un est un péché, Julão. Mais mentir et désobéir à ses parents aussi, et c'est ce que tu fais quand tu bois de la cachaça avec moi, par exemple. À l'église, ils t'apprennent aussi que c'est un péché de faire les choses que tu fais avec Ritinha avant le mariage, dit Cícero, ce qui fit baisser les yeux à Júlio.

Et il continua :

– Qu'est-ce que tu fais après avoir désobéi à tes parents, après avoir bu de la cachaça ou après avoir tripoté Ritinha ?

– Je rentre à la maison et je demande pardon à Dieu.

– C'est ça. Et qu'est-ce qu'on nous apprend à l'église ? Qu'il n'y a qu'à demander pardon à Dieu pour qu'Il nous pardonne. D'accord ?

– D'accord.

– Eh bien, Julão. Après avoir tué Amarelo, tu n'auras qu'à demander pardon à Dieu et Il te pardonnera.

– Tu es sûr ? demanda le jeune homme en haussant les sourcils, ce qui lui plissa le front.

– Évidemment ! Dieu pardonne tout, Julão. Tout.

– C'est vrai. Le curé l'a déjà dit à la messe.

– Demain, après avoir tué Amarelo, tu rentres à la maison et tu récites dix *Je vous salue Marie* et vingt *Notre Père.* Comme ça, je te garantis que tu seras pardonné.

– Comment tu peux le savoir ?

– Parce que c'est ce que je fais. Et ça marche à tous les coups. C'est un prêtre d'Imperatriz qui me l'a appris. Quand on récite dix *Je vous salue Marie* et vingt *Notre Père*, on est pardonné de n'importe quel péché. Maintenant, calme-toi et retourne dormir.

Júlio passa la nuit à écouter la pluie tambouriner contre le toit de paille et à répéter en silence les deux prières. Il voulait être sûr que le lendemain, après avoir exécuté l'ordre de son oncle, il n'en oublierait pas un mot.

Contrairement à tous les autres matins – sans exception –, Júlio se réveilla de lui-même, sans sentir seu Jorge secouer son hamac ni entendre les appels de sa mère. Le soleil n'était pas encore tout à fait apparu, masqué par la forêt dense. Il récupéra la carabine adossée dans un coin de la pièce, fourra une poignée de cartouches dans une poche de son pantalon en coton et enfila sa chemise en vitesse. Tout en glissant un grand couteau sous sa ceinture de cuir, il regarda Cícero. Il ne savait pas si son oncle dormait vraiment ou s'il faisait semblant pour ne pas avoir à croiser son regard dans ce moment si difficile.

– Qu'est-ce qui te prend d'être aussi pressé, mon fils ? lui demanda dona Marina.

– Je sors chasser, répondit Júlio, nerveux.

Mais sa mère était trop absorbée par la préparation du petit-déjeuner – elle mettait du manioc à cuire – pour percevoir son anxiété.

Júlio quitta la maison à pas rapides. Dans la jungle, il entendit les cris effrayants des singes hurleurs, qui, malgré leur petite taille – un mâle adulte ne dépasse pas les quatre-vingts centimètres –, rugissent de façon terrifiante. Ces cris l'avaient toujours amusé. Ce matin-là, pourtant, ils accentuèrent sa nervosité. Après une quarantaine de minutes de marche au cœur de la forêt amazonienne, Júlio arriva à l'endroit où il était censé attendre sa victime. C'était un bras du Rio Tocantins, le coin préféré d'Amarelo pour attraper des surubis, des bagres et des jeunes piraibas*. Le fait que le pêcheur ne soit pas encore là fit naître en lui un timide espoir. *Si Amarelo n'arrive pas bientôt, je rentre et je dis à tio que je vais pas faire ça*, pensa-t-il. Plus les minutes passaient, plus son soulagement grandissait. Amarelo n'était toujours pas là. Dieu allait éviter qu'il devienne un assassin. Il se souvient d'avoir même éprouvé une pointe de joie. Il se sentait de plus en plus léger.

Il laissa sa carabine contre un arbre et s'allongea par terre. Les mains entrelacées, il étira les bras au maximum au-dessus de sa tête. Ses muscles, enfin, étaient détendus. En regardant les frondaisons, il vit un singe-araignée suspendu à une branche. Il se sentait aussi libre et aussi heureux que cet animal. À cet instant, il en eut la certitude : Dieu ne permettrait pas qu'Amarelo vienne. Il ferma les yeux et huma l'arôme de la terre encore imprégnée des pluies de la nuit. Il était tellement fatigué après sa mauvaise nuit qu'il somnola. Il ne sait pas au bout de combien de temps il se réveilla. Il avait oublié pourquoi il était là. En se levant, il sentit que sa chemise lui collait au dos, à cause de l'humidité du sol. Contrarié, il jeta un dernier coup d'œil en direction du fleuve, pour voir si Amarelo y était. Mais avant cela, il demanda à Dieu : *Seigneur, faites qu'il n'y ait personne.*

Son regard traversa lentement et anxieusement les feuillages jusqu'à atteindre la plage jaunâtre qui bordait le fleuve. Il avait peur de lever les yeux. Mais il le fit. Rien. Personne en train de pêcher à cet endroit. Ni Amarelo ni qui que ce soit d'autre. Il fut envahi par une joie qu'il n'avait encore jamais éprouvée. Il était tellement excité qu'il se débarrassa de son pantalon et de sa chemise et courut vers le fleuve. Il

---

* Trois espèces de poissons siluriformes, dont le plus gros, le piraiba, peut atteindre 300 kg.

slaloma entre les arbres et bondit au-dessus des racines qui rampaient sur son chemin. Le sable lui réchauffa la plante des pieds juste avant qu'il termine sa course folle en se jetant à l'eau dans une gerbe d'éclaboussures. Il nagea quelques minutes, puis décida de rentrer. Il serait difficile d'affronter son oncle et de lui dire qu'il n'avait pas fait le travail. Mais il ne ressentait aucune culpabilité. "Amarelo n'est pas venu", voilà ce qu'il dirait à Cícero. Il sortit de l'eau et remontait vers la lisière quand il entendit une voix grave :

– Qu'est-ce que tu fiches ici, mon gars ?

C'était Amarelo, qui s'approchait en pagayant. Júlio eut l'impression de recevoir une balle dans la poitrine. Sans voix, il adressa un salut de la main au pêcheur comme pour lui dire au revoir et courut vers la forêt. Il était mouillé et eut du mal à remettre son pantalon. Il attrapa sa chemise de la main gauche et suspendit la carabine derrière son épaule droite. Il repartit vers le village en courant. La crosse de l'arme lui battait le dos à chaque foulée. Il se rappela ce qu'avait dit son oncle : "Si tu ne tues pas Amarelo, c'est moi qui vais mourir." En plus, Dieu lui avait laissé une chance de rentrer chez lui en paix. S'il était parti plus tôt, il n'aurait pas vu Amarelo. Mais il avait décidé d'attendre, donc il devait maintenant faire le travail. Il revint sur ses pas avec détermination. Ce serait rapide. Il n'aurait qu'à arriver, mettre une balle dans le cœur du pêcheur et se débarrasser du corps. Son oncle lui avait donné des conseils sur la façon de ne laisser aucune trace derrière lui. Une fois Amarelo mort, il devrait lui ouvrir le ventre au couteau et jeter à l'eau son cadavre pour que les piranhas le dévorent. Ce serait rapide.

Sauf que ça faisait déjà trois heures qu'il était là, immobile au milieu de la forêt touffue, et qu'il ne trouvait toujours pas le courage de tirer sur le pêcheur. Il ne le quittait pas des yeux. À chaque mouvement de cet homme dont il était venu prendre la vie, Júlio pensait : *C'est maintenant.* Et rien. Plusieurs fois, il avait calé la crosse de la carabine contre son épaule droite et visé le côté gauche de la poitrine du pêcheur. Il lui suffisait d'appuyer sur la détente, et le boulot serait fait. Assis dans les fourrés, sa carabine entre les jambes, il voyait les ombres de la forêt se déplacer sur les eaux boueuses du Rio Tocantins. Jusqu'à ce qu'elles se cachent au pied des arbres eux-mêmes. Il était midi. Amarelo ne tarderait plus à s'en aller.

C'est maintenant, décida-t-il.

Júlio se courba et, en se cachant derrière des troncs souvent larges de plus de deux mètres, fit une douzaine de pas en direction de la berge. Comme quand il se préparait à tuer un paca ou un chevreuil, il mit le genou gauche à terre et plaça le coude droit en appui sur sa cuisse opposée. Il ferma l'œil gauche, visa le cœur du pêcheur assis dans sa pirogue, droit devant lui. Il demanda pardon à Dieu avant même d'actionner la détente. À cette distance – pas plus de quarante mètres –, il savait qu'il ne le manquerait pas. Il était tellement concentré et nerveux qu'il n'entendit pas la détonation. Il vit juste sa victime porter les mains à sa poitrine et s'écrouler lentement, avec un regard épouvanté, au fond de sa pirogue en bois. Il éprouva quelque chose qu'il n'oublierait jamais : une étrange sensation de pouvoir. Il avait réussi à surmonter ses peurs et fait ce qu'il devait faire. En plus de cela, ôter la vie d'un homme demandait beaucoup plus de courage et de sang-froid que tuer un animal. Mais son travail n'était pas terminé. Il fallait faire disparaître le cadavre.

Il enroula sa chemise autour du canon de la carabine et laissa l'arme debout au pied du noyer contre lequel il s'était adossé. Il retira son pantalon et entra dans le fleuve, son couteau entre les dents. Excellent nageur, il n'eut aucun mal à atteindre le bateau d'Amarelo. Il appuya les bras sur le plat-bord et vit le corps du pêcheur. Ses yeux étaient encore ouverts, sa poitrine inondée de sang. Júlio secoua la pirogue une fois, deux fois, trois fois pour prendre son élan et monta à bord. Il sentit un frisson lui traverser le dos quand son ventre frôla le visage du mort. Il jeta son couteau à l'intérieur de la pirogue et se frotta l'abdomen, plusieurs fois, dans une tentative désespérée d'effacer cette sensation. Ça ne servit à rien. Mais il devait finir le travail.

Il fronça les sourcils et pinça fortement les lèvres. Reprit le manche de son couteau de la main droite. Ferma les yeux et poignarda le ventre de sa victime à d'innombrables reprises. Il ne vit rien des dégâts qu'il infligeait au cadavre jusqu'au moment où sa main s'enfonça dans les entrailles d'Amarelo. C'était comme la plonger dans une boue grouillante de vers et d'insectes répugnants. Tout en la retirant du ventre du pêcheur, il rouvrit les yeux. Des lambeaux de viscères et de chair lui collaient aux doigts. Horrifié, il tenta de s'en débarrasser. Il ne supportait plus cette situation. Il s'accroupit à côté d'Amarelo, si près que ses genoux lui touchaient la hanche. Il passa les mains sous le cadavre et le fit basculer dans le fleuve. Moins d'une minute plus tard, un banc de piranhas dévorait déjà l'homme qu'il venait de tuer. Et plus son sang se répandait dans l'eau du Rio Tocantins, plus le nombre de piranhas augmentait. À l'aide de la pagaie, Júlio repoussa le corps au loin et rama jusqu'à la berge, où il avait laissé ses vêtements et son arme. Avant de s'en aller, il lava la pirogue à l'eau du fleuve pour éliminer les vestiges de son crime : des viscères, des morceaux de chair et beaucoup de sang. Puis il cacha l'embarcation de bois dans la jungle, se rhabilla, remit sa carabine en bandoulière sur l'épaule droite et s'élança sur le sentier qui menait au village.

Tout en courant, il pleurait de détresse. Une douleur lancinante lui serrait le cœur. Son âme était lourde. Il avait fait ce que lui demandait son oncle mais savait qu'il n'aurait pas dû assassiner Amarelo. Il n'arrêtait pas de penser à l'expression de terreur qu'il avait lue dans les yeux du cadavre. "On aurait dit qu'il me regardait fixement", raconterait-il plus tard à son oncle. Avant de rentrer à la maison, il fallait qu'il se calme. Si ses parents le voyaient dans cet état d'angoisse, ils se douteraient forcément de quelque chose. À cinq ou six cents mètres de chez lui, il s'assit dans la forêt, à l'ombre des arbres. Il ralentit sa respiration et, alors seulement, comprit pourquoi il se sentait aussi mal. C'était le poids du péché. Après tout, il n'avait pas encore récité les dix *Je vous salue Marie* et ses vingt *Notre Père* – nécessairement dans cet ordre – qui allaient laver son âme. Il décrocha sa carabine et s'en éloigna. Il s'agenouilla dans les fourrés et dit ses prières en faisant extrêmement attention à ne pas se tromper dans le décompte. À la fin de son vingtième *Notre Père*, il rouvrit les yeux en espérant se sentir plus léger. Mais son âme était toujours aussi tourmentée. *Ça doit être parce que je viens de prier*, pensa-t-il. *Plus tard, tout ira bien.* Et il se remit en marche vers la maison.

Il était 14 heures passées. Dona Marina lavait du linge sur la berge. Seu Jorge était parti ramasser du bois en forêt. Ses petits frères, Pedro et Paulo, jouaient dans l'eau. Personne ne le vit arriver. Cícero Santana, qui l'avait chargé d'assassiner Amarelo, dormait dans un hamac. Julio fut troublé par son apparence décontractée. Alors que lui vivait la pire expérience de sa vie, Cícero avait l'air de jouir d'une paix suprême. Il laissa la carabine derrière la porte et poussa le hamac du pied droit. Cícero ouvrit les yeux.

– Alors ? demanda-t-il. Tu l'as eu ?

– Je l'ai eu, tio. Le mal est fait.

– Tu as suivi toutes mes consignes ?

– Oui. Toutes. J'ai même donné son corps à manger aux piranhas.

– Parfait. Et la pirogue ?

– Je l'ai lavée et je l'ai cachée dans la jungle.

– Très bien, Julão. On va enfin pouvoir se reposer en paix.

– J'ai l'impression que tu te reposes déjà depuis un bon moment.

– Je suis malade, Julão. Tu l'as oublié ? Je brûle de fièvre et j'ai mal partout. Si je t'ai entraîné dans cette histoire, c'est parce que je n'avais pas le choix.

– Je veux oublier toute cette horreur. Et ne recommence pas à m'embêter avec ce truc de tuer des gens pour l'argent.

Je ne veux plus en entendre parler, dit fermement le jeune homme, en agitant l'index.

– Ne t'en fais pas. Ça n'arrivera plus.

La journée se poursuivit, mais Júlio sentait toujours le poids de la culpabilité. Son estomac était noué. Il n'avait pas envie de manger. Ce soir-là, dona Marina fit du riz avec la viande grillée du chevreuil qu'il avait tué. C'était le plat préféré du jeune homme. Mais il en avala à peine deux bouchées et alla se coucher dans son hamac. Inquiète, dona Marina vint parler à son fils, qui se plaignit d'être sans force et d'avoir mal au cœur et à la tête. En lui touchant le front de sa paume, elle constata qu'il avait de la fièvre.

– Mon pauvre garçon, dit-elle, assez fort pour être entendue de tous, toi aussi tu as attrapé la malaria.

Mais le jeune homme n'avait pas la malaria. Sa fièvre, sa nausée et sa migraine étaient les symptômes d'une crise de nerfs. Tout le monde fut bientôt endormi, mais Júlio, allongé dans son hamac et couvert de deux draps, n'arrivait pas à cesser de penser à Amarelo. Quand il fermait les yeux, il revoyait le ventre en bouillie du pêcheur. Il lui faudrait plus de deux semaines avant de pouvoir passer une nuit de sommeil tranquille. Le soir du meurtre, il ne réussit à dormir qu'après avoir répété le rituel des dix *Je vous salue Marie* et des vingt *Notre Père* un nombre incalculable de fois. Il mettait un point d'honneur à insister sur le même passage du *Notre Père*. "Pardonne-nous nos offenses", implorait-il, les poings serrés. Il n'oublierait jamais les derniers mots qu'il prononça cette nuit-là. Prostré dans son hamac, il fit une promesse à Dieu : "Plus jamais de ma vie je ne tuerai quelqu'un, Seigneur. Plus jamais."

Une pluie torrentielle s'abattait sur la forêt. Il y avait tellement d'eau que personne n'osait quitter la maison. La toiture de bois et de chaume avait du mal à résister aux averses qui avaient commencé la veille au soir. Plusieurs flaques mouillaient déjà le plancher. Pedro et Paulo – les petits frères de Júlio – s'amusaient à intercepter un maximum de gouttes au creux de leur paume avant qu'elles touchent le sol. Seu Jorge et dona Marina étaient enlacés dans le même hamac. Debout sur le seuil, Júlio observait la jungle. Il n'avait jamais vu autant de pluie. L'eau qui tombait des nuages se mêlait à celle du Rio Tocantins en créant un rideau épais. Il fallait que ce déluge s'arrête. On était le matin du 21 mars 1972. Júlio et sa petite amie, Ritinha, avaient prévu de passer l'après-midi ensemble, seuls, sur un igarapé – un bras mort du fleuve, étroit et peu profond – caché au milieu de la jungle. D'après ce qu'ils s'étaient dit l'avant-veille, le jeune homme de dix-sept ans était à peu près sûr de vivre ce mardi-là sa première expérience sexuelle. Mais si la pluie ne cessait pas, leur balade romantique en pirogue n'aurait pas lieu.

Les heures passèrent, et la tempête ne donnait toujours aucun signe d'accalmie. L'heure du déjeuner arriva. À cause du mauvais temps, ni seu Jorge ni Júlio n'étaient sortis pêcher. Faute de poisson, la famille mangea du riz aux œufs en écoutant les trombes d'eau s'écraser sur le toit. Júlio n'avait pas faim. Chaque fois qu'il était anxieux, nerveux ou triste, il perdait l'appétit.

– Qu'est-ce qui t'arrive, mon fils ? demanda dona Marina. Tu ne trouves pas ça bon ?

– Si, mère, répondit Júlio en lui rendant son assiette. C'est juste que je n'ai pas faim.

– Mais tu adores le riz aux œufs. Manges-en encore un peu. Tu as presque tout laissé.

– Je n'en veux plus, mère. Je mangerai plus tard.

Pendant que dona Marina répartissait le contenu de son assiette entre ses deux plus jeunes fils, Júlio retourna à la porte. Il regardait le ciel à la recherche d'une trace de bleu, mais toujours rien. Il ne voyait que des nuages sombres et bas. Un profond découragement l'envahit. Comment se sentait Ritinha ? Était-elle aussi angoissée que lui ? Est-ce qu'elle aussi, au même moment, observait le ciel en espérant une éclaircie ? Est-ce qu'elle était aussi impatiente que lui de faire l'amour pour la première fois ? Il s'assit par terre, les coudes sur les genoux, et posa son menton dans ses mains. Il ferma les yeux et resta à écouter la mélodie de l'averse sur le fleuve et les arbres. C'était un son constant, invariable. Irritant. Beau, mais profondément irritant. Júlio avait toujours aimé la pluie. Mais celle-ci dépassait les bornes. À l'heure qu'il était, il aurait déjà dû être en train de pagayer vers le hameau de Ritinha. Le trajet durait près d'une heure.

Júlio ne reprit espoir que quand la tempête se calma enfin, environ une heure après le déjeuner. Petit à petit, les nuages laissèrent apparaître des zones de ciel bleu. Mais la pluie ne s'arrêtait pas. Elle était beaucoup moins intense, mais elle n'avait pas cessé. Pris d'anxiété, il annonça à ses parents qu'il partait faire un tour en pirogue et quitta la maison.

– Tu sors en bateau par ce temps ? lui lança seu Jorge de sa voix grave et rauque.

– Ça s'est calmé, père. Je n'en peux plus de rester enfermé. Je serai vite revenu. À tout à l'heure.

– À tout à l'heure, mon fils.

Le trajet du hameau de Júlio à celui où vivait Ritinha s'effectuait par le Rio Tocantins. En temps normal, ces eaux-là étaient calmes. Mais la pluie intense avait agité le fleuve et accru la force du courant, ce qui était excellent pour le jeune homme, qui, à l'aller, ramerait d'amont en aval. Il avançait en se demandant ce que ce serait de faire l'amour. Que sentirait-il ? Réussirait-il à tout bien faire ? Son oncle Cícero Santana lui avait déjà raconté d'innombrables histoires de femmes, surtout des prostituées. Il avait même proposé de l'emmener dans un bordel d'Imperatriz. "Ils ont vraiment des belles filles. Elles te rendront fou, Julão." Mais Júlio ne voulait "le faire" qu'avec Ritinha. Tout en pagayant, il pensait au corps de l'adolescente. À ses jambes rondes et bien galbées. À ses petits seins fermes qui tenaient parfaitement au creux de ses paumes. Il adorait sa grande bouche pulpeuse. Il aurait pu passer des heures à embrasser cette bouche. Il trouvait magnifiques ses cheveux lisses et noirs, qui descendaient jusqu'à ses hanches, et ses yeux noirs en amande. Mais il raffolait par-dessus tout d'une autre partie de son corps. "Elle a des fesses de rêve, tio, répétait-il souvent à Cícero. Bien musclées, bien douces et bien rondes."

À chaque coup de pagaie, sa nervosité augmentait. Il était en train de se demander si Ritinha l'attendrait comme prévu au bord du fleuve quand il se rendit compte qu'il avait oublié d'emporter le hamac qu'il devait étaler dans la forêt pour leur servir de lit. *Il va falloir que ça se fasse dans la pirogue*, pensa-t-il. Le ciel restait couvert, mais la pluie avait cessé. Il aperçut, au loin, les premières maisons du village de son amoureuse. Il inspira fort, chassa l'air de ses poumons et, fier et souriant jusqu'aux oreilles, accéléra la cadence de ses coups de pagaie. Ce n'était maintenant plus qu'une question de temps. Ritinha serait bientôt dans ses bras. Rien qu'à lui. À une cinquantaine de mètres de chez elle, Júlio sortit sa pagaie de l'eau et la posa entre ses jambes. La pirogue continua lentement d'avancer, glissant sur les eaux du fleuve, dans le sens du courant.

Il regardait la rive gauche, où se trouvaient les habitations, mais ne voyait pas son amoureuse. Son regard perçant reconnut la baraque de ses parents, qui, comme toutes les autres, était construite à près de cent mètres du fleuve – une garantie pour les périodes de crue, pendant lesquelles le niveau des rivières amazoniennes peut s'élever de quinze mètres. Et aucune trace de Ritinha. *Est-ce qu'elle aurait changé d'avis?* se demanda-t-il. Il plissa les yeux et balaya le hameau du regard jusqu'à repérer une silhouette couchée dans l'herbe à quelques mètres du fleuve. Mais il était trop loin pour l'identifier. Il utilisa sa pagaie comme un gouvernail pour se rapprocher du bord. C'était Ritinha. Elle était allongée sur le dos, visage tourné vers le ciel. Aucune autre fille n'avait un corps aussi parfait ni d'aussi jolis seins. Ça ne pouvait être qu'elle. Il envisagea de crier son nom mais se retint pour éviter de se faire remarquer. Ils s'étaient mis d'accord : la jeune fille raconterait à ses parents qu'elle partait cueillir des noix de para en forêt. S'ils la voyaient monter dans la pirogue de Júlio, leur plan capoterait.

Pour attirer son attention, il tapota l'extérieur de la pirogue avec la pelle de sa pagaie. Ritinha n'entendit ses signaux qu'au quatrième ou cinquième coup. Júlio était recroquevillé, quasiment à plat ventre, et seule sa tête se voyait. D'un bond, elle se leva et lui offrit le sourire le plus enchanteur que Júlio ait jamais vu. Ritinha était belle. Ses cheveux libres luisaient tellement ils étaient noirs. Sa frange couvrait presque tout son front. Elle portait un débardeur vert qui mettait en valeur ses bras musclés et un short court en coton blanc. Ses belles cuisses étaient entièrement nues. La vision de sa peau satinée, couleur d'açaï*, excita encore plus Júlio. Il eut envie de lui faire l'amour dès cet instant. Il voulait la tenir dans ses bras le plus vite possible. Au bord du fleuve, elle se mit à courir dans le même sens que la pirogue de son amoureux qui dérivait lentement. Júlio était incapable de la quitter des yeux. Son cœur battait à tout rompre. Son souffle était court. Quand Ritinha fut à plus

* Petit fruit d'Amérique du Sud, dont l'aspect et la couleur rappellent la myrtille.

de cent mètres de son village, il vira vers la berge. À cinq mètres du bord, il lâcha sa pagaie, sauta à l'eau et courut vers son amoureuse. Ritinha le reçut à bras ouverts, avec un sourire encore plus beau que celui qu'il avait vu quelques minutes plus tôt. Ils échangèrent un baiser long, mouillé, fébrile.

– Partons vite, souffla Ritinha, craignant d'être aperçue par quelqu'un du village.

– J'ai oublié le hamac. On va devoir rester dans le bateau.

– Ce n'est pas grave. Du moment que je suis avec toi, ça ira très bien.

Ils s'embrassèrent à nouveau et rejoignirent la pirogue. Júlio avait de l'eau jusqu'au-dessus des genoux, Ritinha jusqu'à la taille. En voyant les belles cuisses de son amoureuse toutes mouillées, le jeune homme ne se contint plus et, en se mordant la lèvre, les palpa avec force. Ritinha le regarda avec une expression que Júlio adorait voir sur son visage. “C'est un mélange de gaîté et de vice, tio”, disait-il à Cícero pour décrire ce qu'il lisait dans les yeux de l'adolescente lorsqu'elle le fixait de cette manière. Ce ne fut qu'alors qu'il s'aperçut que Ritinha n'avait pas mis de soutien-gorge. Ses bouts de seins se voyaient clairement sous les mailles fines de son haut Elle s'assit sur le plancher de la pirogue, face à lui, pendant qu'il commençait à pagayer précipitamment. Dix minutes plus tard, Júlio conduisit la pirogue dans un igarapé qui partait de la rive gauche du fleuve. Ils ne disaient plus un mot. Ils ne faisaient que se regarder. Et se sourire. Júlio n'arrivait pas à comprendre comment il se faisait que Ritinha ait l'air moins nerveuse que lui. Au milieu de l'igarapé, la voûte des arbres ne laissait passer que quelques rayons de soleil, ce qui produisait un effet de voile sur l'eau stagnante. Júlio s'approcha de la berge et sentit le fond de la pirogue racler le sable. Il lâcha sa pagaie, trempa les mains dans l'eau et se les passa dans les cheveux. Il lava aussi son visage, son cou et son torse nu de la sueur due à ses efforts de rame.

Júlio, qui ne portait qu'un bermuda, tendit les mains jusqu'à toucher les genoux de Ritinha, qui les couvrit des siennes. Il avait envie de se jeter sur elle et de la dévorer, comme il avait déjà vu une demi-douzaine de fois des alligators le faire avec leur proie. Sa respiration était tellement tendue qu'elle était perceptible malgré le chant des toucans et des aras qui venait de la jungle. Sans s'en apercevoir, il l'attira contre lui, les dents serrées et le regard affamé.

– Du calme, Júlio, dit la jeune fille. Il n'y a personne ici. Rien que nous deux. Personne ne va venir nous déranger. Reste calme.

– Je n'en peux plus, Ritinha, murmura-t-il en enfouissant les deux mains sous sa blouse.

– Du calme, répéta-t-elle avec un sourire, en empêchant les doigts de Júlio d'atteindre ses seins.

– Qu'est-ce qu'il y a, Ritinha ? On est là pour ça, non ? Tu as changé d'avis ? demanda-t-il, mi-agacé, mi-déçu.

– Non, Júlio. Je n'ai pas changé d'avis. J'en ai autant envie que toi. Mais je ne veux pas que ça se passe comme ça, à toute vitesse. Tu ne m'as même pas embrassée depuis qu'on est ici.

Júlio se rendit compte que son amoureuse avait des raisons de se plaindre. Il était tellement impatient qu'il en avait oublié les caresses que lui-même avait l'habitude de décrire comme l'un des éléments les plus sublimes de leur relation. Il retira ses mains du ventre lisse de Ritinha et baissa la tête. Il sentit son amoureuse l'enlacer avec fougue et lui couvrir le visage de baisers. Les yeux toujours rivés au fond de la pirogue, il s'aperçut qu'elle enlevait son haut. Mais il avait trop honte pour relever la tête. Ce fut elle qui lui reprit les mains et les amena sur ses seins.

– Je suis à toi, lui glissa-t-elle à l'oreille.

Ce fut le baiser le plus long que Júlio se rappelle avoir échangé de sa vie. Leurs bouches se mêlèrent. Leurs langues paraissaient danser ensemble. Jamais il n'oublierait le plaisir fou qu'il éprouva quand ses paumes touchèrent enfin les seins de Ritinha, puis se mirent à les pétrir. Ni sa surprise quand il sentit la main droite de l'adolescente s'introduire sous son bermuda. Il ne s'attendait pas à ce genre d'attitude de la part d'une fille aussi douce que Ritinha. Il fut encore plus étonné quand elle l'empoigna avec fermeté. La surprise accrut encore son excitation. Ritinha serrait son sexe d'une main et, de l'autre, lui fit baisser la tête vers sa poitrine.

Confus, Júlio lui embrassait et lui léchait les seins. Les gémissements et le souffle saccadé de Ritinha lui donnèrent la certitude qu'elle aimait ça autant que lui. Il se mit à lui caresser les cuisses avec force. Le moment était venu de tenter d'aller là où elle ne l'avait jamais laissé aller. D'un seul coup, il plongea une main entre les cuisses de la jeune fille, qui lâcha un gémissement délicieux qu'il garderait en tête pendant des semaines. Il plongea la main sous le short de Ritinha. Pour la première fois, elle le laissa toucher son intimité. Elle était humide. Júlio, qui n'avait jamais connu de femme, crut qu'elle transpirait. Ce ne fut que trois jours plus tard, en discutant avec son oncle Cícero, qu'il apprit que cette humidité était un signe d'excitation chez la femme. Dans son enthousiasme, il y alla un peu fort.

– Doucement, Júlio. Doucement, tu vas me faire mal.

Sans répondre, il commença à retirer le short de Ritinha, qui s'étendit sur le dos au fond de la pirogue. Il se défit en hâte de son bermuda et s'agenouilla entre les jambes de l'adolescente. La nuque en appui sur le plat-bord, elle fixait sur lui un regard indéchiffrable. C'était un mélange de gaîté, d'appréhension, de tendresse et de désir. C'est sûrement ça l'amour, pensa-t-il. Il s'allongea sur elle et tenta de la pénétrer.

– Du calme, chuchota-t-elle, en reprenant son membre d'une main pour le guider. Entre doucement, d'accord? N'oublie pas que je suis vierge.

– Moi aussi.

– C'est vrai?

– Bien sûr, Ritinha.

– C'est beau. Ce sera notre première fois à tous les deux.

Plus Júlio s'enfonçait en elle, plus Ritinha criait de douleur. Il finit par lui demander si elle voulait arrêter. En guise de réponse, elle noua fort les jambes autour de ses reins. Malgré cette douleur apparente, elle aimait sûrement ça. Tout en manifestant un certain inconfort, que Júlio mit du temps à comprendre. Aujourd'hui encore, il ne sait pas comment elle réussit, à force de bourrades et de contorsions, à inverser leurs positions. Tout au plus se rappelle-t-il que, d'un seul coup, ce fut lui qui se retrouva le dos plaqué contre le bois froid, avec son amoureuse à califourchon sur lui. Il se sentit entrer complètement en elle. C'était une sensation délicieuse, comme si Ritinha l'aspirait à l'intérieur d'elle-même. Les paumes à plat sur le torse de Júlio, elle avait l'air de danser sur lui.

Envahi par un plaisir dont il ne soupçonnait même pas l'existence, Júlio ferma les yeux et sentit la forêt souffler une brise caressante. Le va-et-vient de leurs corps faisait tanguer la pirogue en cadence. Les mains de Ritinha lui encadrèrent le visage.

– Ouvre les yeux, Júlio. Regarde-moi.

Il obéit. L'image qui s'offrit à lui était merveilleuse. La peau de la jeune fille, perlée de sueur, luisait sous les timides rayons de soleil qui traversaient les feuillages. Son souffle haletant et son regard chaviré l'excitèrent encore plus. Il sentit un grand frisson lui parcourir l'échine et trembla de tout son corps. Je vais jouir, pensa-t-il. Il pressa fort les mains de Ritinha et lâcha un grognement étrange. Ce fut son premier orgasme au cours d'une relation sexuelle. Mais Ritinha, toujours aussi déchaînée, continuait de monter et de descendre au-dessus de lui, avec des mouvements circulaires du bassin. Elle planta les ongles dans la poitrine de Júlio, se redressa de toute sa hauteur et libéra un long gémissement, presque un soupir, avant de s'écrouler sur lui, sans force. Enlacés, ils ne sentaient plus rien d'autre que la brise de la jungle et les oscillations de la pirogue.

Ils restèrent ainsi une dizaine de minutes. Ritinha plongea dans l'igarapé. Júlio la suivit. Ils batifolèrent dans l'eau tiède, se sourirent et refirent l'amour. Cette fois, Júlio était debout, tandis que son amoureuse avait les bras autour de son cou et les jambes nouées autour de sa taille. Ce fut encore meilleur que la première fois. Júlio se sentait plus à son aise, plus sûr de lui. Apparemment, c'était pareil pour Ritinha. Après leur baignade, ils remontèrent dans la pirogue et passèrent quelques minutes de plus allongés, enlacés et toujours nus. Puis ils se rhabillèrent et prirent le chemin du retour.

Júlio déposa Ritinha là où il l'avait retrouvée. Ils se séparèrent après un long baiser et une étreinte vigoureuse. Pas de doute, ce sentiment était de l'amour. Ça ne peut être que de l'amour, pensa-t-il en ayant envie, mais sans oser le faire, de lui dire qu'il l'aimait. Il la suivit des yeux jusqu'à ce qu'elle s'arrête à la porte de chez elle. Pendant qu'il commençait à remonter le fleuve, il la vit se retourner et lui adresser des petits signes de la main en cachette, à hauteur d'épaule. Júlio était tellement heureux qu'il pagaya plus d'une heure à contre-courant sans se fatiguer, jusqu'à son village. Il voulait épouser Ritinha. Rester toute sa vie à ses côtés. Il avait terriblement hâte de raconter tout ce qui s'était passé cet après-midi-là à son oncle Cícero, le seul avec qui il se sentait à l'aise pour aborder le sujet.

Cette conversation aurait lieu trois jours plus tard. Le vendredi 24 mars 1972 en fin d'après-midi, sous une chaleur moite, Júlio se reposait dans un hamac en pensant à Ritinha – qu'il n'avait pas revue depuis le jour où ils avaient perdu leur virginité – quand il entendit gronder le moteur du hors-bord de son oncle.

– Tio arrive ! s'exclama-t-il en se levant d'un bond.

Pendant que Cícero amarrait son canot à un tronc d'arbre, Júlio le rejoignit et lui donna une grande tape dans le dos.

– On l'a fait, Ritinha et moi, dit-il avec enthousiasme.

– Du calme, gamin. Je n'ai même pas fini de débarquer. Bon, qu'est-ce qui t'arrive ?

– On l'a fait. Ritinha et moi. Tu comprends ? On a couché ensemble. Sur l'igarapé qui est près de…

– Qu'est-ce que tu dis ? Ça y est, tu l'as sautée ? Il était temps, dit Cícero, souriant jusqu'aux oreilles.

Júlio n'aima pas la vulgarité de sa réaction.

– Ne parle pas d'elle comme ça, tio. C'est mon amoureuse. Et je vais me marier avec elle.

– On verra si tu dis toujours ça dans deux ans.

– Comment ça ?

– Tu es dans cet état parce que c'est ta première femme. Tu en auras d'autres, et Ritinha ne sera bientôt plus qu'un souvenir.

– Tu n'en sais rien ! Je l'aime. Je vais l'épouser très très vite. Je me prépare déjà à aller voir son père.

– Et le tien ? Il est au courant ?

– Non, répondit Júlio, baissant la tête. Je veux d'abord avoir la réponse du père de Ritinha. Si c'est oui, j'en parlerai au mien après. Maintenant, laisse-moi te raconter comment ça s'est passé.

– Entre Ritinha et toi ?

– Oui.

– Si tu veux. Mais attends-moi d'abord ici. Il faut que j'aille saluer ton père, ta mère et tes frères. Je serai revenu dans cinq minutes. Moi aussi, j'ai quelque chose à te dire.

La conversation que Cícero allait avoir avec lui placerait bientôt Júlio à l'épicentre du plus grand conflit armé de l'histoire récente du Brésil : la Guérilla de l'Araguaia.

Cícero entra dans la maison de son frère et distribua des accolades et des baisers à tout le monde. Il prit deux bananes et revint vers son canot, où Júlio l'attendait avec impatience. Le jeune homme lui décrivit par le menu tout ce dont il se souvenait, y compris la tenue que portait Ritinha cet après-midi-là : un haut vert et un short en coton blanc. "Bien court", précisa-t-il. Et il montra, très content de lui, les marques laissées par les ongles de Ritinha sur son torse.

– Cette petite a le feu aux fesses, hein ? dit Cícero. Ça doit être un sacré bon coup.

– Arrête, tio. Tu sais que je n'aime pas quand tu parles d'elle comme ça.

Au bout de presque une heure, Júlio n'avait toujours pas fini de raconter sa première fois. Trois jours plus tard, il pouvait enfin partager cette expérience inoubliable avec quelqu'un. Il aurait pu passer la soirée entière à parler de ce qu'il avait ressenti quand Ritinha s'était donnée à lui, entièrement nue. Avec sa peau couleur d'açaï, douce et immaculée, ses cheveux noirs et brillants, ses cuisses rondes, sa bouche charnue.

– Elle est belle de partout, tio. Elle n'a aucun défaut.

Sa mère les appela à ce moment-là. La nuit était tombée sans qu'ils s'en aperçoivent.

– Venez dîner, tous les deux ! leur lança-t-elle depuis le seuil. C'est prêt !

– On arrive, mère ! répondit Júlio. Tu as dit que tu avais quelque chose à me dire, tio. C'est quoi ?

– Allons dîner, Julão. On finira de bavarder après.

Après avoir mangé la viande de singe grillée et le riz préparés par dona Marina, Júlio et Cícero retournèrent s'asseoir sur le sable à côté du hors-bord et reprirent leur discussion.

– Tu te souviens d'un truc que je t'ai dit il y a six mois, Julão ?

– Quand ça ? Tu viens tout le temps.

– La fois où j'ai fait cette crise de malaria.

Júlio se rappela immédiatement la façon dont il avait tué le pêcheur Amarelo en août 1971. Au lieu de répondre, il se leva et alla tremper les pieds dans l'eau du fleuve.

– Qu'est-ce qui t'arrive, Julão ?

Le jeune homme regardait le ciel criblé d'étoiles et mit quelques secondes à répondre.

– Je ne tuerai plus personne, tio, tu m'entends ? Si tu crois que…

– Ça n'a rien à voir ! Je ne vais pas te demander de tuer quelqu'un.

– Et tu vas me demander quoi ?

– La fois où j'ai eu cette crise de malaria, je vous ai parlé au dîner du travail que fait l'armée dans la région du Rio

Araguaia. J'ai raconté qu'un ami à moi, qui est commissaire à Xambioá, engageait des gens pour aider les militaires à combattre les communistes cachés dans la jungle. Tu t'en souviens ?

– Non, répondit Júlio.

– Bien sûr que si. Quand j'ai dit que cet ami commissaire cherchait des types qui savent marcher en forêt et bons tireurs, tu m'as même demandé de t'emmener là-bas. Ça te revient, maintenant ?

– Non.

Júlio ne quittait pas le ciel des yeux. Sans savoir pourquoi, il sentait que cette conversation lui apporterait des problèmes. Le seul fait de repenser au jour maudit où il avait assassiné Amarelo suffisait à lui donner envie d'être ailleurs. Il s'était délivré des cauchemars quotidiens dans lesquels il voyait le corps en sang et les boyaux du pêcheur accrochés à ses doigts. Il ne voulait pas revivre tout ça.

– Julão ? Tu as entendu ce que je viens de dire ?

– Quoi ?

– J'ai l'impression de parler tout seul. Ça fait déjà deux fois que je te pose la question. Tu veux que je t'emmène à Xambioá ?

– À Xambioá ? répéta Júlio, déboussolé. Qu'est-ce que j'irais faire à Xambioá, tio ?

– Tu es sourd ou quoi ? Je viens de tout t'expliquer. Tu as l'air dans la lune.

– Désolé. Je pensais à autre chose. Tu veux m'emmener à Xambioá pour quoi faire ?

Cícero lui expliqua de nouveau que le commissaire de Xambioá, Carlos Marra, recrutait des hommes pour aider l'armée brésilienne à capturer les communistes cachés dans les forêts de l'Araguaia. Júlio voulut savoir pour quelle raison les militaires tenaient tant à arrêter ces communistes et ce qu'était un communiste. Son oncle choisit l'explication qui lui parut la meilleure.

– Les communistes sont des gens qui n'acceptent pas les lois de notre gouvernement et qui cherchent à foutre la merde dans le pays. C'est pour ça que l'armée doit les arrêter, pour éviter que le Brésil se transforme en foutoir. Tu comprends ?

– Plus ou moins.

– L'important, c'est que les militaires ont besoin d'un coup de main. Et, à mon avis, ça pourrait être une aubaine pour toi d'entrer là-dedans, Julão.

– Pourquoi ?

– Parce que c'est un boulot facile et très bien payé. Tu n'as pas dit que tu voulais te marier avec Ritinha ? Avec l'argent que ça te rapportera, tu auras de quoi commencer à construire votre petite maison.

L'idée plut à Júlio. Pour pouvoir se marier et vivre avec Ritinha, il était prêt à tout. Ou presque.

– Je devrai tuer des gens ?

– Non, Julão. Mon ami commissaire m'a dit que les consignes de l'armée étaient très claires. Les militaires ne sont pas là pour tuer. Ils veulent juste capturer ces communistes pour les interroger et connaître tous leurs plans.

– Et comment est-ce que je vais les aider ?

– Ils ne connaissent rien à la jungle. Ils ont besoin de quelqu'un qui sait marcher en forêt et se servir d'un fusil.

– Donc je devrai tirer ?

– Si ça se trouve, tu n'en auras même pas besoin. Mais s'ils te demandent de tirer, ce ne sera pas pour tuer. Tu peux me faire confiance, Julão. Départ après-demain pour Xambioá, ça te va ?

– Je ne sais pas trop. J'ai peur.

– Fais-moi confiance, je te dis. Ça va très bien se passer. Tu travailles un moment pour les militaires, et après ça tu rentres chez toi avec un bon paquet d'argent. Ils te paieront 20 cruzeiros par jour. Si tu restes deux mois là-bas, tu vas toucher 1 200 cruzeiros (presque six fois le salaire minimum de l'époque, qui était de 225 cruzeiros).

– C'est beaucoup, hein ? dit Júlio, emballé à l'idée de recevoir un salaire que personne ne touchait dans son village.

– Et comment ! Je ne t'avais pas dit que c'était une bonne nouvelle ?

– Sauf que c'est très long, deux mois.

– Mais non. Ça passera vite. Et tu sais quoi ? Tu vas même t'amuser. J'en suis certain. Tu as toujours adoré crapahuter en forêt. Imagine-toi en train de guider tout un tas de militaires. Ça va te plaire.

– Tu crois ?

– Bien sûr. Viens, on va en parler à tes parents.

Seu Jorge et dona Marina, au début, n'apprécièrent pas l'idée de rester aussi longtemps sans voir leur fils. Mais Cícero réussit à les convaincre de l'autoriser à partir en donnant comme argument que cette expérience pourrait l'aider à entrer dans la police militaire. Aux yeux de la famille, c'était le meilleur emploi dont puisse rêver un garçon né dans les profondeurs de la jungle. Le surlendemain, un dimanche, Júlio et Cícero montèrent dans le hors-bord et mirent le cap sur Imperatriz, d'où ils prendraient un camion pour rejoindre Xambioá, sur le Rio Araguaia, à la limite du Tocantins et du Pará. Le jeune homme demanda à son oncle de s'arrêter devant le village de Ritinha pour lui dire au revoir, mais Cícero répondit qu'il n'allait pas être possible d'exaucer son souhait.

– On n'a pas de temps à perdre, Julão.

C'était la première fois que Júlio quittait sa région natale. Il leur fallut un peu plus de deux heures de navigation sur les méandres du Rio Tocantins pour arriver à Imperatriz, où ils passeraient la nuit chez Cícero. Júlio fut fasciné en découvrant pour la première fois une vraie voiture. Jusque-là, il n'en avait jamais vu que dans les magazines apportés par son oncle. Le bruit, par contre, l'incommoda. Tout comme la foule qui se pressait en ville – à l'époque, Imperatriz comptait environ quinze mille habitants. Jamais il n'aurait imaginé qu'autant de gens puissent vivre au même endroit.

La maison de son oncle lui fit l'effet d'un palais. Elle était elle aussi en bois, comme celle où il vivait avec ses parents et ses frères, mais elle disposait de cloisons qui séparaient le salon de la cuisine et des deux chambres. Dans chacune de ces chambres, il y avait un lit et un hamac. Le salon contenait un canapé trois places à carreaux rouges et noirs – les couleurs du Flamengo, le club de football que supportait Cícero –, une table en bois entourée de quatre chaises en aluminium et un énorme calendrier à l'effigie de Notre-Dame d'Aparecida punaisé sur un mur. À gauche du canapé, sur un tabouret, il y avait une radio à piles. Dans la cuisine, Júlio découvrit un fourneau à bois et une haute caisse en métal rouge, presque aussi grande que lui.

– C'est un frigo, expliqua Cícero.

Júlio goûta une gorgée d'eau très fraîche, la trouva délicieuse et pensa : *Mère adorerait avoir un truc de ce genre.*

– J'ai l'impression d'avoir la langue tout engourdie, dit-il.

Il se demanda à quoi servait cette boule de verre un peu moins grosse qu'une pomme qui pendait sous le plafond. Il ne le comprendrait qu'à la nuit tombée.

– Et ça s'allume tout seul, sans rien ? Pas besoin de pétrole ?

Il n'avait jamais connu d'autre éclairage que celui de la maison de ses parents, qui se réduisait à deux lanternes.

– Ça s'allume avec l'électricité, s'esclaffa Cícero. Ici, en ville, l'électricité est produite par des générateurs diesel. Et c'est ça qui fait marcher les trucs comme les frigos et les ampoules. Tu comprends ?

– Non. Rien du tout.

– Laisse tomber. Tu apprendras tout ça avec le temps.

Ce soir-là, Júlio tenta de dormir dans un lit, ce qui ne lui était jamais arrivé. Il n'y parvint pas. Il trouva trop bizarre de dormir le dos droit, et surtout sans se balancer. Il se releva et passa la fin de la nuit dans un des hamacs de la maison. Le lendemain matin, son oncle et lui furent pris en stop par un camion chargé de bois en partance pour Xambioá. Júlio était tendu et silencieux. Son oncle tenta sans succès de le dérider en plaisantant et en racontant des blagues. Ils arrivèrent à Xambioá vers 16 heures. La chaleur était intense. La dense poussière rougeâtre soulevée par le va-et-vient incessant des jeeps et des camions de l'armée irritait les yeux de Júlio. Ces véhicules militaires participaient à l'opération gouvernementale de répression d'un soulèvement organisé par des militants du Parti communiste du Brésil (PCdoB) contre la dictature militaire. Au poste de police de la ville, Cícero présenta son neveu au commissaire Carlos Marra, un homme de plus d'un mètre quatre-vingts à la peau brune, aux cheveux noirs et courts séparés par une raie latérale, aux bras puissants et au visage rond. Le commissaire portait une moustache étrangement fine, qui ne dépassait pas le bord de sa lèvre supérieure. Et il était doté d'un ventre généreux, perpétuellement visible entre le haut de son pantalon et le bas de sa chemise. "Il a du bidon", dirait plus tard Júlio à son oncle. Cícero et Marra se saluèrent avec des éclats de rire, des accolades et des tapes dans le dos. Le commissaire fit l'éloge du port athlétique de Júlio.

– Franchement, Cícero, tu as eu raison de me dire que ce garçon était grand et fort, déclara-t-il, d'une voix qui donnait l'impression d'être trop calme pour un type aussi massif.

– Bien sûr, Marra. Et en plus de ça, il connaît la forêt comme personne et c'est un tireur fantastique. Julão tue un chevreuil à cent mètres.

Tout en parlant, Cícero passa un bras autour des épaules de son neveu, qui, toujours aussi mal à l'aise, restait muet et gardait les yeux rivés au sol.

– Parfait. Je suis certain que ce garçon va nous être très utile.

Carlos Marra était tellement enthousiaste qu'il voulut expédier Júlio dans la zone de la guérilla le jour même. Il fallut l'intervention de Cícero pour le faire renoncer.

– Je préférerais que Julão ne parte pas dans la jungle sans toi, Marra. Je serai beaucoup plus tranquille si je sais que vous êtes ensemble.

– Pourquoi ça, Cícero ?

– Il n'a que dix-sept ans et c'est mon neveu. Tu l'as oublié ? S'il lui arrive quoi que ce soit, mon frère et ma belle-sœur mourront de chagrin. Ça leur suffit avec l'aîné, qui a quitté la maison et n'est jamais revenu.

– D'accord. Eh bien, Julão, nous partons demain matin de bonne heure, dit le commissaire en donnant une tape dans le dos de Júlio, toujours aussi silencieux.

– Dis quelque chose, bon sang, ordonna Cícero.

– Je ferai ce que vous avez décidé, le commissaire et toi, tio.

Marra, Cícero et Júlio déjeunèrent dans un bar de la ville. Ils mangèrent du tambaqui* avec du riz et de la soupe de poisson. Et ils burent de la bière. Même s'il n'aimait pas le goût de cette boisson, Júlio en vida deux verres pour se rafraîchir. Pendant le repas, il entendit le commissaire dire que vaincre les communistes s'était révélé beaucoup plus compliqué que l'armée ne l'aurait cru. Les militaires ne connaissaient même pas l'emplacement de leurs bases. En plus, les rebelles avaient gagné la sympathie et l'amitié de beaucoup d'habitants de la région, qui les aidaient en achetant pour eux des vivres et des munitions en ville et même en les cachant chez eux pendant les opérations menées par les militaires. Júlio s'étonna que ces communistes, qui d'après son oncle étaient provocateurs et violents, aient pu séduire les gens du coin.

– Pourquoi est-ce que l'armée cherche à les attraper si les gens les aiment bien ? demanda-t-il.

– Parce que les communistes leur racontent des bobards, Julão, répondit le commissaire. Ils se font passer pour des gens bien, alors qu'en fait ils veulent mettre le Brésil sens dessus dessous. Tu comprends ?

– Oui.

– Et nous, on est là pour les en empêcher.

* Poisson d'Amazonie pouvant atteindre un mètre de longueur.

– C'est exactement ça, confirma Cícero. Ne t'éloigne jamais de Marra, Julão. Et fais tout ce qu'il te dira. C'est mon ami, je sais qu'il prendra soin de toi.

Júlio répondit sans un mot, en hochant la tête. Ce soir-là, Cícero le laissa seul dans une pension en disant qu'il allait boire un coup avec Carlos Marra. Júlio s'endormit en pensant à Ritinha et en essayant d'imaginer ce qui allait lui arriver pendant cette chasse aux communistes. Pourvu que je ne doive tuer personne, implora-t-il en une prière muette.

Les rues en terre de Xambioá étaient encore désertes et silencieuses quand Júlio et Cícero sortirent de la pension à 5 heures du matin. On était le mardi 28 mars. Une jeep de l'armée les attendait devant la porte. Un jeune homme en uniforme vert olive tenait le volant. Le commissaire Carlos Marra était assis à sa droite. Ils roulèrent jusqu'à la berge du Rio Araguaia, où les attendait un hors-bord capable de transporter douze hommes. En plus du batelier – un habitant de la région, propriétaire de l'embarcation –, Marra, Júlio et trois autres hommes montèrent à bord. Deux d'entre eux étaient aussi jeunes que lui ou presque, estima Júlio. Pas un seul n'était en uniforme. Dommage. Il aurait adoré cette tenue verte si élégante, cette chemise à manches longues et cette casquette dont la visière était à angles droits. Pendant leur trajet en jeep, il n'avait pas quitté des yeux les godillots noirs du chauffeur. Il aurait bien voulu avoir les mêmes. Sa seule paire de chaussures – des tennis Conga bleu marine reçues à seize ans – était encore quasiment neuve. Il ne s'en servait que pour aller à la messe le dimanche. Ritinha et dona Marina auraient sûrement été fières de le voir chaussé de bottes comme celles-là.

Quand le hors-bord démarra, les premières lueurs du jour éclairaient déjà les flots bruns de l'Araguaia. Ils devaient se rendre quelque part à proximité du Rio Gameleira. La forêt, ici, ressemblait beaucoup à celle des profondeurs du Maranhão, où avait grandi Júlio, avec ses arbres parfois hauts de cinquante mètres et ses nombreux bras de rivière qui s'enfonçaient dans la jungle. Son regard acéré lui permit rapidement de constater que la faune aussi était la même : il repéra des paresseux, des singes, des aigrettes, des hoazins huppés et une profusion d'alligators assoupis sur les rives. Mais il n'était pas là pour observer les animaux. Sa mission était d'aider le commissaire à capturer les fameux communistes. D'après les témoignages de la population locale, recueillis par les militaires, les forêts environnantes servaient de repaire à des guérilleros.

Marra avait prévu de passer une semaine à les traquer dans la jungle avec son équipe. Ils dormiraient dans des tentes de l'armée et se laveraient à l'eau des rivières. Pour les cinq premiers jours de l'opération, ils emportaient avec eux deux boîtes de saucisses et cinq kilos de viande sèche, un de cassonade, un de farine de manioc et un de gros sel. Une fois ces provisions épuisées, ils se nourriraient de ce qu'ils réussiraient à pêcher et à chasser. Étant donné tout ce que lui avait dit Cícero sur son neveu, Marra pensait que l'habileté au tir de Júlio et sa connaissance de la forêt seraient fondamentales pour les aider à s'alimenter. Tout le monde était armé. Le commissaire et les trois autres avaient chacun une carabine de calibre .20 et un revolver de calibre .38. Júlio, lui, n'avait eu droit qu'à la carabine, qu'il portait en bandoulière. Pendant leur trajet vers l'endroit où ils devraient débarquer, le commissaire donna les indications qu'il jugeait nécessaires.

– Il va falloir être aimables avec les gens du coin. C'est seulement s'ils nous font confiance qu'ils nous diront où sont les communistes. Si on entre dans un village ou chez quelqu'un, vous ne dites rien. Il n'y a que moi qui parle. Et si on trouve un guérillero, on l'attrape. On ne tue personne. Je veux l'avoir vivant pour qu'il nous dise où sont les autres, déclara Carlos Marra – au grand soulagement de Júlio.

La semaine passa plus vite qu'il ne l'aurait cru. Et fut beaucoup plus calme. Lors de sa première incursion en forêt sous les ordres du commissaire Marra, Júlio, pour la première fois de sa vie, se sentit important. C'était à lui qu'il revenait de repérer et de suivre d'éventuelles traces de passage – son efficacité leur permit d'intercepter sept hommes, qui se présentèrent tous comme des paysans. À partir du quatrième jour, quand leurs vivres vinrent à manquer, il assuma en plus la responsabilité de trouver de quoi nourrir le groupe. Il tua un singe, une aigrette et, le dernier jour de l'opération, un jaguar. Personne n'aima la viande musculeuse et bourrée de nerfs du fauve. Mais ils n'avaient rien d'autre à se mettre sous la dent.

Pendant les sept jours qu'ils passèrent à explorer la jungle, ils découvrirent au total une dizaine d'habitations. Leurs occupants – tous originaires de la région – confirmèrent avoir vu des communistes dans les parages. Mais ils ne savaient pas où ils se cachaient. Carlos Marra leur faisait toujours le même discours. Il expliquait qu'aider les communistes était un crime gravissime mais que ceux qui coopéreraient avec l'armée seraient très bien récompensés en argent, en armes, en outils et en médicaments. Malgré cela, ils n'obtinrent rien. Ils rentrèrent à Xambioá le mercredi 5 avril 1972 sans avoir recueilli la moindre trace matérielle d'une présence communiste dans les parages.

Il faisait déjà nuit quand ils arrivèrent en ville. Júlio fut encore plus impressionné par l'intense circulation de véhicules militaires et par la foule. Il y avait du monde partout. Des cris à n'en plus finir. Dans les bars, de la musique sortait de grandes caisses illuminées. Xambioá était complètement différente de la ville qu'il avait traversée le matin du départ pour sa première opération dans la jungle de l'Araguaia. Carlos Marra le déposa à la pension et dit, de sa voix toujours aussi placide :

– Tu nous as bien aidés, mon garçon. Fais-moi signe si tu as besoin de quoi que ce soit.

Júlio ne se rendit compte que plus tard qu'il ne saurait absolument pas où faire signe au commissaire s'il en avait besoin. À la pension, il fut accueilli par la patronne, une femme maigre d'un mètre soixante environ, au long nez effilé et aux cheveux crépus dont il ne chercha jamais à connaître le nom.

– Tu es le neveu de ce soldat d'Imperatriz, hein? dit-elle, parlant de Cícero.

– Oui, madame. Pourquoi?

– Ton oncle m'a dit de te prévenir qu'il a dû rentrer à Imperatriz mais qu'il reviendra samedi.

– Mais… je vais dormir où? demanda Júlio, inquiet et désemparé.

– Ici. Il a réglé cinq nuits d'avance.

– Et après ces cinq nuits?

– Il a dit que tu travailles pour les militaires et que tu auras de quoi payer de ta poche.

Júlio était désorienté. À dix-sept ans, il n'avait jamais eu besoin de payer quoi que ce soit de sa poche. Pour tout dire, il n'avait jamais eu d'argent. Il eut peur de rester seul au milieu du chaos qu'était cette grande ville. Il récupéra la clef de sa chambre et se dirigea vers le fond du bâtiment, où une minuscule pièce en bois de quatre mètres carrés, au sol en terre battue, lui servirait de domicile pendant les prochains jours. Le pire, pour lui, était de devoir dormir dans un lit. Il faillit plusieurs fois demander un hamac à la patronne, mais sa mine fermée l'intimidait tellement qu'il ne dit rien. Il craignait tellement de passer cette nuit à Xambioá sans son oncle à proximité qu'il ne ressortit même pas pour dîner. Il s'endormit en larmes, prostré sur son matelas et l'estomac grondant de faim.

Le lendemain matin, il se réveilla vers 7 heures. Il mourait de faim mais n'osait toujours pas quitter sa chambre. Il ne connaissait personne ici. Il souhaita de toutes ses forces que son oncle Cícero revienne plus tôt que prévu. À un moment donné, il entrouvrit sa porte de quelques centimètres et jeta un coup d'œil à l'extérieur. Il vit un homme se diriger vers l'entrée de la pension et fut tenté de faire comme lui pour aller parler à la patronne. Mais il n'en eut pas le courage. Il se rallongea sur son lit. Il se remit à pleurer. Il aurait tout donné pour être à la maison, dans la paix de la jungle amazonienne, au bord du Tocantins. Là-bas, oui, il était chez lui. Il pleurait encore quand trois ou quatre grands coups furent frappés à sa porte. Une voix s'éleva de l'autre côté, stridente.

– Réveille-toi, mon garçon ! Réveille-toi !

C'était la patronne de la pension.

– Je suis déjà réveillé, bredouilla Júlio après un temps d'hésitation.

– Il est presque midi. Tu n'as pas mis le nez dehors depuis hier. Le commissaire a laissé de l'argent pour toi.

Júlio reprit espoir. Avec de l'argent, il allait pouvoir manger quelque chose et se débarrasser de cette maudite faim. Il ouvrit la porte et reçut une liasse de 140 cruzeiros maintenue par un mince ruban de nylon rouge. C'était le salaire de ses sept jours de travail dans les forêts de l'Araguaia. Jamais il n'avait eu autant d'argent sous les yeux. Il n'avait pas la moindre idée de ce qu'on pouvait faire et s'acheter avec tout ça. Il remercia la patronne, qui lui parut bien plus sympathique que la veille.

– À votre avis, madame, je dois prendre combien pour manger ?

– D'argent, tu veux dire ? Tu veux savoir ce que coûte un repas ?

– Oui, madame. Combien ?

– Avec 10 cruzeiros, tu mangeras jusqu'à n'en plus pouvoir.

Júlio sortit 10 cruzeiros de la liasse et les glissa dans une poche de son pantalon. Il enveloppa le reste dans un bout de papier trouvé par terre et fourra le paquet à l'intérieur de son caleçon. Pour rien au monde il ne s'en serait séparé. Il enfila sa chemise et quitta la pension. En marchant dans la rue, il vit quelque chose qu'il n'oublierait jamais : un énorme monstre de fer, dont la forme rappelait une libellule. Mais le plus incroyable était que l'engin n'avait pas d'ailes. Comment est-ce que ce machin peut voler ? se demanda Júlio. Il avait déjà vu des avions déchirer les nuages de la jungle.

Et une chose était sûre, ça n'en était pas un. Il suivit le monstre des yeux jusqu'à sa disparition derrière l'horizon. À deux cents mètres de la pension, il déjeuna dans un bar d'une assiette de poulet rôti accompagné de riz gluant et de haricots. Le riz de sa mère était infiniment plus savoureux. Pour faire passer le tout, il but deux bouteilles de Coca-Cola. Pendant tout le repas, il repensa à l'étrange objet qu'il venait de voir survoler Xambioá. Il était en train de régler les 4 cruzeiros de son addition – il s'attendait à payer plus – quand un jeune homme en uniforme de l'armée l'aborda.

– Tu es le neveu du soldat Cícero ?

– Oui, répondit Júlio, ravi d'avoir affaire à quelqu'un qui savait qui il était.

– Le commissaire Marra t'attend au poste. On y va ?

Júlio passa le reste de l'après-midi à accompagner Marra à travers la ville. Il apprit ce jour-là que les soldats qui infestaient Xambioá appartenaient à trois armes différentes : l'armée de terre, la marine et l'aviation. Et qu'ils étaient tous là pour combattre les communistes. Il visita leurs bases improvisées. Le stade de football avait été transformé en piste d'atterrissage et contenait un grand baraquement capable d'abriter trente hommes, qui servait de poste de soins et de dortoir pour certaines recrues. Ce fut là qu'il découvrit que le monstre volant portait le nom compliqué d'hélicoptère.

– Un jour, dit le commissaire, tu voleras dans une de ces bestioles, Julão.

Le jeune homme trouva l'idée assez intéressante mais ne savait pas s'il aurait le courage de monter dans un engin pareil.

Les cinq jours suivants, son emploi du temps ne changea guère. Júlio passait le plus clair de son temps à marcher dans la ville, presque toujours seul. Il n'était toujours pas habitué au grouillement de jeeps et de camions militaires. Il faisait quotidiennement un passage de dix minutes ou un quart d'heure au poste de police pour voir avec le commissaire Marra si la date de leur prochaine opération dans la jungle de l'Araguia était fixée. Une fin d'après-midi, il se retrouva au bord du terrain d'aviation militaire et vit approcher un hélicoptère. Il ne comprenait pas comment cette chose pouvait voler avec autant d'élégance sans avoir d'ailes. Il s'approcha pour assister de près, pour la première fois, à un atterrissage. L'appareil n'était plus qu'à une dizaine de mètres du sol quand ses pales soulevèrent un épais rideau de poussière rouge. Júlio ferma les yeux de douleur, s'éventa de la main et se mit à tousser nerveusement. Ce goût de terre sèche dans sa bouche lui était inconnu. Il saliva et cracha pendant une vingtaine de minutes, quasiment jusqu'à son retour à la pension.

En chemin, il fit halte dans une boulangerie et s'acheta quatre petits pains, deux cents grammes de fromage et deux bouteilles de Coca-Cola. C'était son menu de tous les soirs. Boire deux Coca-Cola était un luxe qu'il n'avait jamais connu à Porto Franco. Ses parents disaient toujours qu'il y avait des choses plus importantes à acheter, comme les haricots, le sel, le sucre et l'huile. "Le Coca-Cola est pour les riches", répétait seu Jorge. Maintenant, grâce à son travail pour l'armée, Júlio pouvait boire autant de Coca qu'il voulait. Il se sentait riche. Mais il restait triste. Il ne se passait pas une nuit sans qu'il pense à Ritinha. Il aurait donné n'importe quoi pour la revoir ou, au moins, lui parler. Sa bouche charnue, ses seins fermes, sa peau toute douce et ses fesses rondes ne lui sortaient pas de la tête. Il croyait dur comme fer qu'elle aussi était en manque de lui. Et que toute cette souffrance servirait à quelque chose. À la fin de son travail dans l'Araguaia, il regagnerait son village natal avec assez d'argent pour épouser Ritinha.

Le lendemain, il fut réveillé par des coups qui semblaient vouloir enfoncer la porte de sa chambre.

– On y va, Julão ! Debout là-dedans ! Il est déjà 6 heures !

Il reconnut la voix du commissaire.

– J'arrive, j'arrive.

Il sauta de son lit sans comprendre ce que venait faire Marra à la pension de si bon matin.

On était le mardi 11 avril. Exactement une semaine plus tard, Júlio Santana jouerait les premiers rôles dans un épisode appelé à rester dans l'histoire du Brésil : la capture du guérillero José Genoino Neto, qui, dix ans plus tard, serait élu député fédéral de São Paulo pour le Parti des travailleurs et deviendrait un des politiciens les plus influents et respectés du pays.

Réveillé par les appels du commissaire, Júlio attrapa le sac en plastique où il avait mis une tenue de rechange – un pantalon et une chemise – et quitta sa chambre en mangeant la moitié de petit pain qui lui restait de la veille. Dehors, une jeep l'attendait, moteur en marche. L'expression du commissaire lui déplut. Il était encore en train de s'installer sur la banquette arrière quand Marra dit :

– Si tu veux continuer à travailler pour nous, Julão, il va falloir que tu sois plus responsable.

– Je ne comprends pas, commissaire, répondit Júlio en se frottant les yeux.

La voiture roulait déjà.

– Je t'ai dit d'être prêt à cinq heures et demie. On est passés te prendre à 6 heures, et tu dormais encore. Ça ne peut pas continuer.

– Mais… vous ne m'avez rien dit du tout, commissaire !

– Si. J'ai envoyé le soldat Santos te prévenir.

– Alors c'est lui que vous devriez disputer. Parce que moi, personne ne m'a passé le message, je vous le jure. Je ne sais même pas qui est ce soldat Santos.

À la suite de l'explication de Júlio, Marra ordonna au chauffeur de la jeep de repasser au poste. Là, il descendit de l'auto et demanda à Júlio de le suivre. Ils pénétrèrent dans le bâtiment. Le soldat Santos, sûr et certain que le commissaire était déjà en route vers la jungle, était tranquillement assis les pieds sur la table. En voyant entrer Marra, il bondit de sa chaise et se mit au garde-à-vous.

– Qu'est-ce que c'est ce bordel, soldat ? s'indigna Marra. Tu te crois chez toi ?

Le soldat ne put que baisser la tête. Le commissaire continua.

– Je t'ai demandé de faire quoi, hier soir ?

– De passer à la pension du neveu de Cícero pour lui laisser un message, répondit le soldat, les yeux toujours rivés au sol.

– Effectivement. J'en reviens, et je sais que tu n'y as pas mis les pieds. Le gamin ne savait même pas qu'il devait être prêt pour 5 heures et demie. Maintenant, dis-moi une chose. Qu'est-ce que je vais faire de toi ?

Bien que clairement en colère, Marra continuait d'afficher son flegme habituel.

– Je... je ne sais pas, commissaire.

– Moi si. Tu vas rester bouclé dans la cellule du poste jusqu'à ce que je revienne de la jungle. Et après ça, tu disparaîtras d'ici. Je ne veux plus jamais voir ta tête à Xambioá.

– Mais, commissaire, je…

– C'est comme ça et pas autrement, crapule. Et ne dis pas n'importe quoi, tu ne ferais qu'aggraver ton cas.

Júlio ne soupçonnait pas que Carlos Marra, sous ses dehors perpétuellement modérés, puisse être aussi dur – pour ne pas dire cruel. Jeter le soldat Santos en prison et le bannir ensuite de Xambioá pour la seule raison qu'il avait oublié de transmettre un message, la punition lui paraissait trop lourde. Mais il n'était pas là pour contester les décisions du patron. En revanche, un autre sujet l'avait intrigué.

– Commissaire, demanda-t-il, pourquoi le soldat Santos s'est mis au garde-à-vous à votre arrivée ? C'est plutôt un truc de militaires, non ?

Marra sourit.

– Oui, Julão. Ce qu'il y a, c'est que je suis aussi militaire. Je suis sergent de l'armée de terre.

– Sans blague ? Et pourquoi vous n'êtes pas en uniforme ?

– Parce que je n'aime pas ça et que ce n'est pas indispensable pour le travail que je fais ici. En plus, pendant nos expéditions en forêt, la vue d'un uniforme risquerait de faire peur aux gens. Donc je préfère rester en civil.

– Intéressant. Moi, je donnerais n'importe quoi pour en avoir un.

– Ah bon ? Je t'offrirai ça quand tu repartiras de Xambioá.

Júlio se pencha tellement sur la banquette arrière que sa joue frôla l'épaule de Marra.

– Vous êtes sérieux ?

– Bien sûr. Tu n'auras qu'à me le rappeler.

Ils arrivèrent sur la berge de l'Araguaia, où les attendait le même batelier que la semaine précédente, assis dans le même hors-bord. Avec quatre hommes : les trois qui avaient participé avec eux à la première mission – Ricardo, Emanuel et Forel – plus un autre aux cheveux grisonnants et aux yeux cerclés de rides, ce qui amena Júlio à lui donner entre trente et quarante ans. Ricardo se chargea des présentations :

– Julão, voilà Tonho.

Ils se saluèrent d'un signe de tête. Pendant le trajet en bateau vers le Rio Gameleira, la conversation du groupe porta sur les femmes, le football et les communistes, mais Tonho ne dit pas un mot. Il riait souvent et montrait de l'intérêt pour les sujets en cours de discussion mais n'émettait jamais aucune opinion. C'était un Noir musclé et presque chauve, aux yeux globuleux et au nez camus, dont les bras attirèrent l'attention de Júlio. “Ils font le double des miens”, dirait-il plus tard au commissaire. Son silence l'intriguait tellement qu'il finit par demander à Ricardo si Tonho était muet.

– Pas du tout. Tu sauras bientôt pourquoi il ne l'ouvre pas, répondit Ricardo, avant de partir dans un long éclat de rire.

Leurs provisions étaient rassemblées dans un grand sac en toile de jute : cinq kilos de viande sèche, deux boîtes de saucisses, une barre de cassonade, un kilo de farine de manioc, deux de riz et un de gros sel. D'après les plans du commissaire Marra, l'opération se terminerait le 17 avril.

Cela ferait six jours de chasse aux communistes. En plus des vivres et de leurs armes, ils emportaient divers médicaments et une demi-douzaine de chemises militaires, toutes à manches longues. Ces médicaments et ces chemises seraient utilisés pour convaincre les habitants de la jungle de leur donner des renseignements sur la localisation des guérilleros.

Dès leur premier soir de bivouac, Júlio découvrit la raison du mutisme de Tonho. Après avoir monté la tente où le groupe dormirait, tout le monde alla se laver dans la rivière à l'exception de Tonho, qui préparait le repas : de la viande sèche et du riz. Júlio, gêné à l'idée de se montrer nu, était toujours le premier à entrer dans l'eau et le dernier à en sortir. Dès que les autres eurent commencé à dîner, Tonho se dirigea à son tour vers la berge pour prendre son bain. Júlio, lui, s'apprêtait à sortir de l'eau tiède. Tonho n'était qu'à quelques mètres de lui quand le commissaire cria depuis le bivouac, à trente mètres de distance :

– Hé, Tonho, rapporte-moi ma montre, je l'ai oubliée à bord !

– Où ça, commissaire ? demanda Tonho d'une voix suraiguë.

– Près d'une grosse pierre, à gauche du sentier.

– D'accord. Le temps de finir et je vous ramène ça.

En plus de sa voix stridente, Tonho avait un autre problème d'élocution : il parlait du nez. Júlio se retint de rire pour ne pas vexer son collègue. Jamais il n'avait entendu un homme s'exprimer de façon aussi ridicule et comique. Encore moins un solide gaillard comme Tonho. Dans sa bouche, les *b* devenaient quasiment des *m*. "On dirait un canard", confierait plus tard Júlio à Ricardo. Il sortit de l'eau en se mordant la lèvre, enfila son pantalon en vitesse et courut jusqu'au campement sans un regard pour Tonho. Une fois dans la tente, il mordit dans la chemise qu'il venait de laver pour pouvoir laisser libre cours à son hilarité sans attirer l'attention de ses collègues. Il rit tellement que ses yeux s'emplirent de larmes. Forel, qui dînait avec les autres à l'extérieur, entendit des sons bizarres s'échapper de la tente et se leva pour jeter un coup d'œil à l'intérieur. Il crut que Júlio pleurait.

– Qu'est-ce qui t'arrive, mon gars ? Pourquoi tu chiales comme ça ?

Ce fut la goutte d'eau. Júlio retira la chemise de sa bouche et partit d'un fou rire comme il en avait rarement connu. Il se laissa tomber au sol, en position fœtale, et continua de s'esclaffer en se tenant les côtes.

– Ah mon Dieu ! Mon Dieu ! haletait-il, au bord de l'asphyxie, entre deux éclats de rire.

– Qu'est-ce qui se passe là-dedans, Forel ? demanda Marra.

– Rien, commissaire. Je crois que le gamin a entendu la voix de Tonho. Le pauvre, il va finir par s'étouffer.

Forel gratifia Júlio d'une petite tape sur la tête et, avant de rejoindre les autres autour du feu, l'avertit :

– C'est bien que tu rigoles autant que tu peux maintenant. Parce que si tu te marres comme ça devant Tonho, il te fera la peau.

Ce conseil ne suffit pas à calmer Júlio, qui continua encore à rire jusqu'à en perdre ses forces. À partir de ce soir-là, il évita toujours au maximum de croiser le regard de Tonho. Il ne lui adressait jamais la parole et s'éloignait chaque fois que le nasillard semblait sur le point d'ouvrir la bouche. La routine du groupe resta à peu près inchangée les cinq jours suivants. Du matin au soir à arpenter la végétation touffue de l'Araguaia sous une chaleur insupportable, attaqués par des nuées constantes d'insectes. Ils interrogèrent un certain nombre d'habitants de la région – des paysans pour la plupart – et en subornèrent plusieurs avec des médicaments et des chemises. Beaucoup promirent de garder les communistes à l'œil pour les aider à l'avenir. Mais, dans l'immédiat, tous déclarèrent ne rien savoir.

Le dimanche 16 avril, ils se retrouvèrent à court de vivres. Les hommes étaient épuisés. Et démoralisés de constater que leurs efforts ne donnaient rien. Ils n'avaient pas aperçu un seul guérillero. Júlio, qui les guidait à travers la forêt, commençait à se demander si cette histoire de communistes n'était pas qu'une vaste blague. En fin d'après-midi, sur ordre du commissaire Marra, il ramena le groupe jusqu'aux terres de Pedro Mineiro, un paysan petit propriétaire de terres dans la région chez qui ils étaient déjà passés deux jours plus tôt. Mineiro faisait partie de ceux qui s'étaient engagés à aider l'armée à traquer les guérilleros. Pendant le trajet, Marra se blessa au pied en butant contre une racine et reprit sa marche avec difficulté. Ils devaient passer la nuit chez Pedro Mineiro. Né dans le Minas Gerais, Mineiro vivait à proximité du Rio Gameleira depuis une dizaine d'années. C'était un homme svelte de près d'un mètre quatre-vingt-dix, âgé de quarante-deux ans, aux cheveux blonds et fins rabattus en arrière. Son menton en galoche donnait à son visage une forme triangulaire. Il élevait sur sa petite propriété une demi-douzaine de vaches, quelques cochons et des poules.

– Salut, Mineiro, dit le commissaire en approchant de la maison de bois où vivait l'agriculteur avec sa femme et ses deux jeunes enfants.

– Bonsoir, commissaire. Vous avez besoin d'un abri ?

– C'est ça. La nuit va tomber, et on est tous morts de faim et de fatigue. Tu peux nous aider ?

– Bien sûr. Vous savez que vous pouvez compter sur moi.

– Merci, Mineiro.

– De rien. Un de ces jours, vous m'apporterez peut-être un autre vêtement de l'armée ? Ils sont vraiment fantastiques pour marcher en forêt.

– Pas de problème, l'ami. À notre prochain passage, tu auras deux pantalons et deux chemises.

Ce soir-là, ils dînèrent d'un ragoût de poule aux pommes de terre et au riz. Júlio se resservit deux fois. En cours de repas, Carlos Marra annonça que ses hommes et lui rentreraient à Xambioá le lendemain matin. Mais la réponse de Pedro Mineiro le fit changer d'avis.

– Je crois que vous devriez rester encore un peu.
– Et pourquoi ça, mon vieux ?
– Quelqu'un que je connais m'a dit qu'il avait vu des guérilleros du côté de Caianos, dit l'agriculteur.
– Quand ça ?
– Pas plus tard qu'hier. À mon avis, si vous passez la forêt au peigne fin, vous avez de bonnes chances de les coincer.
– Tu pourrais nous nourrir et nous héberger si on décidait de rester quelques jours de plus ? Je te rembourserai tout ça plus tard.
– Aucun problème, commissaire. Et vous n'aurez rien à payer. Vous savez bien que je suis là pour vous aider à chasser ces salopards.

Marra et les autres accrochèrent leurs hamacs sous l'auvent de la terrasse. Peu avant que ses hommes s'endorment, le commissaire leur rappela que s'ils croisaient un guérillero dans la jungle, ils ne devraient en aucun cas tirer pour tuer. Le but était de capturer des communistes pour pouvoir les interroger. C'était le seul moyen de localiser les bases de soutien du mouvement, et l'armée pourrait ensuite en finir pour de bon avec la guérilla.
– Bref, vous n'ouvrez le feu que si vous êtes certains à cent pour cent de ne tuer personne.
Le lendemain matin à 7 heures, Carlos Marra décida d'organiser un concours de tir entre ses hommes pour voir lequel était le plus adroit. Un bidon d'huile de cuisine fut placé à vingt mètres, et ils le visèrent l'un après l'autre. Celui qui manquerait la cible serait éliminé. Tous touchèrent le bidon au premier essai. La distance fut augmentée à vingt-cinq mètres. Forel et Ricardo ratèrent. La compétition se poursuivit entre Júlio, Emanuel et Tonho le nasillard. À trente mètres, Emanuel tira le premier et échoua. Júlio, selon le tirage au sort, devait être le deuxième à tenter sa chance. Après s'être vanté à n'en plus finir de ses exploits de chasseur, il ne pouvait pas se permettre d'échouer. En plus, il se sentait

dans l'obligation de prouver au commissaire que son oncle avait eu raison de le lui recommander pour ce travail.

Il cala la crosse en bois de la carabine de calibre .20 au creux de son épaule droite. Il inspira à fond et retint son souffle. Il appuya sur la détente et vit le bidon voler loin du tronc au pied duquel il était posé. Soulagé, il expira. Tonho toucha lui aussi la cible, et le bidon fut reculé à trente-cinq mètres pour les deux derniers concurrents. Júlio, cette fois, serait le premier. Jusque-là, il avait tiré debout. Il demanda à Marra s'il pouvait s'agenouiller comme il le faisait à la chasse.

– Du moment que tu fais mouche, fiston, tu as même le droit de tirer la tête entre les jambes, répondit le commissaire, ce qui fit rire tout le monde.

Júlio mit le genou gauche à terre et posa le coude droit en appui sur sa cuisse droite. Il ferma l'œil gauche et visa la partie centrale du bidon. Sans savoir pourquoi, il se souvint du jour où il avait tué Amarelo, huit mois plus tôt.

Il avait beau regarder le bidon, il voyait le cadavre en sang du pêcheur. L'épaisse végétation qui se dressait comme une muraille verte derrière le bidon lui rappelait le décor du meurtre d'Amarelo. Il devait se calmer. S'il tirait dans cet état, il manquerait sa cible. Mais plus il tentait de se raisonner, plus sa tension augmentait. Il était en position depuis deux ou trois minutes quand il entendit Tonho s'exclamer de sa voix nasillarde et stridente, qui transformait les *m* en *b*:

– Vierge Marie! Le gamin est tombé en panne!

Malgré tous ses efforts, Júlio ne put se contenir. Il lâcha la carabine et se mit à glousser. Deux mètres derrière lui, Tonho n'apprécia pas.

– Tu te fiches de moi, hein? Tu te paies ma tête?

Júlio n'arrivait plus à s'arrêter. Vautré sur le flanc, il se tenait le ventre et se tordait de rire. À la grande fureur de Tonho, tous les autres membres du groupe avaient le sourire aux lèvres.

– Qu'il rigole donc, cet imbécile, grommela Tonho en se baissant pour ramasser la carabine abandonnée par Júlio. Je vais tirer en premier.

– Non, dit le jeune homme, toujours hilare, en attrapant la crosse avant lui. Moi d'abord.

Il trouvait la façon de parler de Tonho tellement étrange et drôle qu'il cessa de penser au jour où il avait commis le premier homicide de sa vie. Souriant toujours, mais de manière contrôlée, il se remit en position. Il regarda fixement le bidon et tira. Sa balle fit mouche. Il entendit le commissaire Marra, à quelques mètres dans son dos, dire à quelqu'un :

– Il est vraiment très fort, ce gamin. Cícero avait raison.

Le compliment ravit Júlio. Tonho, exaspéré par la gaîté de ses collègues, empoigna l'arme en hâte, visa et tira. Le bidon ne bougea pas.

– C'est ce petit con qui m'a fait rater en se foutant de moi, dit-il. Espèce de…

Avant qu'il ait pu insulter Júlio, le commissaire intervint.

– Venez par ici, les gars. Maintenant, je veux que vous m'écoutiez attentivement. Julão vient de prouver qu'il est le meilleur, donc si on doit tirer sur des communistes, c'est lui qui commencera.

– Mais, commissaire…

– Il n'y a pas de mais, Tonho. C'est comme ça. Point final. Et gare à celui qui désobéira. Julão tirera le premier. S'il manque sa cible, chacun de vous aura sa chance. Et je ne veux plus entendre personne rouspéter. On est là pour travailler ensemble et se serrer les coudes.

Júlio écouta tout sans quitter le sol des yeux, plein de fierté.

Juste après l'épreuve de tir, Marra et son équipe prirent un petit-déjeuner. Au moment de partir, le commissaire donna un ordre à Pedro Mineiro :

– Préviens les gens de l'armée que j'aurai besoin d'un hélicoptère demain en début d'après-midi. Si on n'est pas ici, ils devront nous chercher en forêt.

Mineiro ne posa aucune question, se contenta de répondre qu'il ferait ce que voulait Marra. Júlio resta muet sur le moment mais chercha ensuite à savoir pourquoi le commissaire réclamait cet hélicoptère.

– Mon pied me fait un mal de chien, Julão. Je ne me vois pas passer deux jours de plus à marcher dans la jungle. En hélicoptère, on sera rentrés à Xambioá en deux temps, trois mouvements et sans se fatiguer.

– Si je préfère, vous serez d'accord pour me laisser rentrer comme à l'aller, à pied et en bateau ?

La demande de Júlio fit sourire Marra.

– Bien sûr, gamin. Tu feras comme tu voudras. Mais je t'assure qu'il n'y a aucun danger à prendre l'hélicoptère. Fais-moi confiance.

– Je ne sais pas, commissaire. Je ne sais pas.

– De toute façon, je ne sais même pas si cet hélicoptère va venir. Il est possible que Mineiro n'arrive pas à transmettre le message à l'armée ou qu'il n'y ait aucun appareil disponible.

– Dieu vous entende.

Au cas où ils devraient dormir dans la jungle – ce qu'aucun d'eux ne souhaitait –, ils avaient emporté leurs hamacs et une marmite en fer pleine de riz, de *farofa** aux œufs et d'un reste de viande séchée. Le sac à dos de Tonho contenait un peu de café, une poignée de gros sel, une demi-douzaine de citrons et trois boîtes de sardines données par Pedro Mineiro. Le commissaire était monté sur un cheval emprunté à l'agriculteur. Entre son ventre qui ne tenait pas dans son pantalon et son pied blessé, Júlio savait qu'il ne serait pas capable de passer toute la journée à se frayer un chemin dans la jungle comme ils avaient prévu de le faire. Vers 14 heures, ils découvrirent des traces de pas sur la berge du Rio Gameleira. Au vu de leur taille et de leur espacement, Júlio estima qu'elles avaient été laissées par un homme d'environ un mètre quatre-vingts. Le fait

* Farine de manioc frite au beurre, éventuellement enrichie de divers ingrédients (oignon, œuf…).

que cet individu soit équipé de chaussures éveilla l'intérêt du commissaire.

– Les gens d'ici ont l'habitude de marcher dans la forêt pieds nus, dit-il.

Ils suivirent sa piste, qui s'éloignait toujours plus du Rio Gameleira. En certains endroits, l'épaisseur des fourrés et le lit de feuilles sèches compliquaient la tâche de Júlio. Il se repérait dans ces moments-là aux branchages cassés ou tordus qui indiquaient que quelqu'un était passé par là. Il finissait toujours par retrouver, un peu plus loin, les empreintes de l'homme qu'ils cherchaient.

Il était autour de 16 heures quand une pluie fine commença à laver la forêt. Un problème de plus : l'eau risquait de faire disparaître les traces de pas. Pour ne pas perdre la piste du suspect ou, à tout le moins, se rapprocher de lui le plus possible avant qu'elle s'efface, Júlio accéléra l'allure. Moins d'une demi-heure plus tard, le commissaire se plaignit d'être fatigué.

– Tu vas trop vite, Julão. Personne n'arrive à te suivre.

– Moi si, répondit Tonho.

Júlio était tellement concentré sur les empreintes que la voix de son collègue ne l'amusa même pas.

– Je peux faire une suggestion, commissaire ?

– Bien sûr, Julão.

– Vous n'avez qu'à rester ici avec les autres, et moi je continue en courant pour essayer de rattraper le gars. Dès que ce sera fait, je reviens vous dire ce que j'ai vu.

– Je ne sais pas… Suppose que tu te retrouves nez à nez avec lui et que ce soit effectivement un guérillero ?

– Pas de problème. Je lui raconterai que j'habite dans le coin. Je dirai que je suis le neveu de Mineiro. Ensuite, je reviens vous chercher et on lui tombe dessus, conclut Júlio avec une assurance tranquille.

– Pas mal, Julão. Ça me plaît. Tu peux y aller. Pendant ce temps, on va installer les hamacs et faire du feu pour le dîner. Ne traîne pas trop quand même. Si tu sens que le type est trop loin, fais demi-tour.

– D'accord, commissaire.

Avant de s'élancer, Júlio eut le temps d'entendre Ricardo dire :

– C'est un vrai monstre, ce gamin.

Il courait comme il avait appris à le faire tout petit dans les forêts de Porto Franco. Il regardait devant lui et mémorisait la disposition des arbres sur les dix mètres suivants. Ensuite, il balayait le sol des yeux à la recherche d'empreintes et de grosses racines susceptibles de le faire tomber. Il avait la certitude absolue que l'homme qu'il filait ne se déplaçait pas aussi vite que lui. Il était décidé à ne rentrer là où étaient restés Marra et les autres que pour leur annoncer qu'il l'avait trouvé. La pluie redoubla. Fine et impertinente. Plus elle imprégnait la terre sèche, plus il avait du mal à identifier les vestiges du passage de l'homme qu'il poursuivait. Le soir tombait quand il arriva en vue d'une clairière d'une vingtaine de mètres carrés, avec au centre une cabane de bois et de chaume. Après avoir vérifié qu'il n'y avait personne à l'intérieur – à part un chien endormi sous un tabouret de bois –, il se remit en chasse. Moins de deux kilomètres plus loin, il avisa un groupe d'une demi-douzaine de baraques en bois. Accoudé à la fenêtre de l'une d'elles, un homme barbu aux cheveux gris roulait une cigarette maïs. La lumière de la lanterne accrochée dans la pièce empêchait Júlio de voir nettement ses traits. Avant même qu'il se soit approché – comme il en avait l'intention –, le vieux dit d'une voix grave :

– Ne reste pas sous cette pluie, mon garçon. Tu vas attraper un rhume.

– Je suis bien obligé, répondit Júlio en se passant une main dans les cheveux pour en chasser les gouttes. Je cherche un ami à moi.

– Ah bon ? Tu as un ami dans le coin ?

– Il n'est pas d'ici. On était à la chasse, et je l'ai perdu.

– À la chasse ? Et comment tu fais pour chasser sans arme, toi ?

Júlio se rendit compte que, dans sa hâte, il avait laissé sa carabine là où s'étaient arrêtés le commissaire et les autres. Il ne sut que dire. Il regarda l'homme qui lui faisait face sans réussir à articuler un mot. Pris de honte, il baissa les yeux.

– Pas la peine d'essayer de me mentir, mon garçon.

Júlio, nerveux, redressa aussitôt la tête.

– Comment ça ?

– Je sais ce que tu veux savoir. Tu cherches ton ami communiste, pas vrai ?

Júlio resta sans réaction. Son cerveau était comme paralysé.

– Il y en a un qui est passé par ici il y a moins d'une demi-heure, pour demander si quelqu'un savait où trouver les Paulistas de Caianos.

Júlio savait que les habitants de l'Araguaia appelaient les guérilleros "Paulistas" parce qu'une grande partie d'entre eux venait de São Paulo. En revanche, il n'avait aucune idée de ce qu'était ce "Caianos". Et il ne pouvait pas poser la question : s'il le faisait, le vieux comprendrait sur-le-champ qu'il n'appartenait pas au mouvement de lutte contre la dictature militaire.

– Vous avez raison, monsieur. C'est bien ça. Désolé de vous avoir menti. Et vous savez où il est passé ?

– Non, mon garçon. Personne n'a pu lui dire où étaient les Paulistas, donc il est reparti comme il était venu.

– De quel côté ? Vous l'avez vu ?

– Du côté d'où tu viens d'arriver. Si la forêt était moins grande, vous auriez pu vous croiser.

– Merci, monsieur. Ça m'aide beaucoup. Ah, une dernière chose.

– Je t'écoute.

– Vous n'auriez pas un verre d'eau ?

Après avoir étanché sa soif, Júlio rebroussa chemin en courant encore plus vite qu'à l'aller. Il avait peur que le communiste ne surprenne ses collègues au bivouac. Ou que les autres ne le capturent en son absence. Malgré la pénombre, il fendit la jungle sans difficulté. Il reconnaissait chaque mètre du parcours déjà fait à l'aller. Sans même prendre le temps de s'arrêter pour uriner comme son corps le lui réclamait avec insistance, il arriva là où étaient Marra et les autres. Contrairement à ce qu'il avait cru – et même bizarrement espéré –, il n'avait pas trouvé le communiste sur le chemin du retour. Mais il était satisfait. Et fier. Il revenait porteur d'informations qui, croyait-il, seraient très utiles au commissaire. Exalté, il raconta toute l'histoire à ses collègues. Il leur parla debout, en moulinant des bras et des mains. Il vanta ses propres qualités de pisteur en expliquant qu'il avait galopé à travers la jungle comme un jaguar. Et il ajouta quelque chose qui fit encore monter d'un cran l'excitation générale :

– Je crois que le type a fait demi-tour. Je crois qu'il va repasser par ici.

– Et s'il était déjà passé ? demanda Emanuel. S'il avait fait tout le trajet en courant comme toi ?

– Ça m'étonnerait, répondit Júlio. Déjà, il ne sait pas qu'il est suivi. Et même s'il le savait, je le vois mal aller aussi vite que moi.

– Ce n'est pas sûr, dit Emanuel.

– Les hommes sont comme les bêtes. Ils courent seulement s'ils se sentent suivis ou en danger. Comme ce communiste ne sait pas qu'on est à ses trousses, il doit être tranquille. Il a dû s'arrêter pour la nuit et il continuera demain, affirma Júlio avec un aplomb qui le surprit lui-même.

– Je crois que le gamin a raison, intervint le commissaire. On va dîner dès maintenant et essayer de dormir. Il faut qu'on soit debout de bonne heure.

Peu avant 5 heures du matin le mardi 18 avril 1972, Carlos Marra et son groupe étaient déjà levés. Tonho refit du feu pour préparer le café. Ils mangèrent leur mélange de riz, de *farofa* et de viande séchée, décrochèrent leurs hamacs, rangèrent tout dans le sac en toile de jute et reprirent leur chasse au guérillero. Sur une suggestion d'Emanuel, le commissaire commanda à ses hommes de marcher de front, espacés de cinq ou six mètres. De cette manière, ils couvriraient une surface bien plus importante que s'ils avaient avancé en file indienne. Ricardo était le dernier sur la gauche et tirait le cheval au bout d'une longe. Considéré par Marra comme le meilleur connaisseur de la jungle, Júlio allait au centre, flanqué du commissaire à sa droite.

La terre était encore humide des pluies du soir. Júlio adorait cette odeur de jungle mouillée. Il se sentait chez lui. Son regard balayait chaque mètre carré de forêt. Soudain, il entendit un son devant eux, sur sa gauche. Il leva le bras gauche pour faire signe aux autres, comme convenu, de s'arrêter. Il pointa l'index vers ce son qu'il était le seul à avoir détecté. Il abaissa les paumes en direction du sol pour demander à ses collègues de s'accroupir. Il se remit à avancer en canard, lentement et en silence. Il jeta un coup d'œil par-dessus son épaule et, de la main droite, appela le commissaire. Quand Marra l'eut rejoint, il lui indiqua le pied d'un acajou haut d'une trentaine de mètres. Le commissaire souffla qu'il ne voyait rien. Júlio répéta son geste. C'était un tapir, et un gros.

– Qu'est-ce que tu veux que j'aie à faire d'un tapir, Julão ? bougonna Marra.

– Je voulais juste vous le montrer. Pour que vous sachiez que je vois tout. Si c'était le communiste, je le verrais aussi.

– D'accord. Mais oublie les animaux. Ce que je veux, c'est que tu nous déniches ce type.

Il ne fallut pas longtemps pour que l'ordre du commissaire soit exécuté. Moins d'une demi-heure plus tard, vers 6 heures du matin, Júlio leva à nouveau le bras gauche. Tout le monde stoppa. Il chercha le regard de Marra et murmura :

– Je vois quelqu'un là-bas, droit devant.

Le commissaire s'approcha de lui en traînant la patte. Un homme suivait un sentier de jungle à une centaine de mètres de distance. Il portait un pantalon foncé et une chemise claire, dans les tons bleus, aux manches longues relevées au-dessus des coudes. Il était maigre et mesurait environ un mètre quatre-vingts. Ses cheveux courts étaient en bataille, et une barbe clairsemée envahissait son visage fin et carré. Il tenait de la main droite un sac en plastique et marchait à pas lents, ce que le commissaire interpréta comme un signe de tranquillité.

– Tu avais raison, Julão. Il ne se doute pas qu'on le cherche.

Ils le suivirent jusqu'à une zone où la végétation était moins dense. C'était le moment de l'approcher. Le commissaire, Júlio et Emanuel allaient en tête, talonnés par Tonho et Ricardo, qui tirait toujours le cheval. Marra attendit que ces derniers les aient rejoints et dit à Júlio :

– Je connais ce type.

Júlio était perplexe. Comment le commissaire pouvait-il connaître un communiste rencontré en pleine forêt ? Mais ils n'avaient pas le temps de discuter.

– Bonjour, Geraldo ! lança le commissaire de sa voix placide.

L'homme, surpris, se retourna.

– Tiens, bonjour, commissaire. Qu'est-ce que vous faites par ici ?

Marra et Geraldo s'étaient croisés à Xambioá. De temps en temps, Geraldo, un jeune homme de vingt-cinq ans, venait y acheter des vivres et des munitions pour son fusil et son revolver. Il disait à tout le monde qu'il était agriculteur et qu'il vivait depuis deux ans dans une cabane de bois et de chaume au bord du Rio Gameleira. Né à Quixeramobim, dans l'intérieur du Ceará, Geraldo était en réalité José Genoino Neto, étudiant en philosophie et en droit à l'université fédérale du Ceará. Affilié au Parti communiste du Brésil, il avait quitté Fortaleza pour rejoindre le mouvement de lutte armée contre la dictature militaire. Il faisait partie des quelque soixante-dix guérilleros qui opéraient dans les forêts de l'Araguaia. Cette fausse identité lui était indispensable pour pouvoir circuler parmi les habitants de la région sans être arrêté. Sur ce plan-là, son accent nordestin lui était très utile.

– On cherche un communiste qui traîne dans le coin, dit le commissaire.

– Vous savez bien que je n'ai rien à voir avec ces gens-là. Je suis un simple agriculteur.

– Je pense que tu fricotes avec eux. Suis-nous. On rentre à Xambioá, et je veux que tu viennes aussi.

– Moi ? Pourquoi ça ?

– Si tu n'as rien fait de mal, ce n'est pas la peine de t'inquiéter. Attache-le, Ricardo.

Ricardo ligota les poignets de Genoino à un bout de sa corde. L'autre bout se retrouva entre les mains du commissaire, qui monta sur le cheval et, au pas, s'engagea sur un sentier de jungle en traînant le communiste derrière lui. Júlio, Ricardo, Emanuel, Tonho et Forel marchaient devant le cheval. Fatigués après des jours et des jours à arpenter la jungle sous des nuées d'insectes, en dormant et en mangeant mal, ils étaient tous ravis de rentrer à Xambioá. Mais cinq minutes à peine après avoir été ligoté, Genoino réussit à arracher la corde des mains du commissaire. Les poignets toujours attachés, il partit en courant vers la forêt dense. Le commissaire le somma de s'arrêter une fois, deux fois, trois fois. Ça ne servit à rien.

– On va tirer, Geraldo ! cria Marra.

– Allez-y donc ! répliqua Genoino sans un regard en arrière.

Le commissaire tapa fort sur l'épaule de Júlio.

– Dégomme-moi ce type, Julão.

– Quoi ?

– Tire-lui dessus avant qu'il nous échappe. Mais rappelle-toi que je le veux vivant.

Aussitôt, Júlio décrocha la carabine qu'il portait en bandoulière et s'accroupit. Il posa le genou gauche sur la terre humide, appuya son coude droit sur sa cuisse. Il avait déjà l'homme en point de mire. Mais Genoino courait en zigzag et il ne voulait pas le manquer ou, pire encore, le tuer. Nerveux, Marra demanda s'il allait tirer ou laisser filer le type. Júlio ne répondit pas. Il visa le dos de Genoino, un peu en dessous de la nuque, du côté droit, et attendit ce qu'il considéra être le moment parfait pour faire feu. Il devait guetter l'instant exact où aucun arbre ne pourrait servir de bouclier au guérillero. Il ferma l'œil gauche, s'emplit les poumons d'air et retint son souffle. Pendant qu'il actionnait la détente, il vit sa cible faire un écart sur la gauche. La balle lui entailla l'épaule droite.

Genoino sentit comme une lame de rasoir lui lacérer le bras. Il était tellement stupéfait qu'il ne comprit pas ce qui s'était passé. Il lâcha son sac en plastique et porta la main gauche à l'endroit de sa blessure. La manche de sa chemise était déjà mouillée de sang. À bout de souffle, il courut encore une vingtaine de mètres et tomba à l'intérieur d'un fourré dans l'espoir de s'y cacher de ses poursuivants. Les yeux plissés et les mâchoires serrées, il se couvrit en hâte de branchages et de feuilles mortes. Júlio, après son coup de feu, resta immobile, les yeux rivés sur le fugitif.

– Tu l'as eu, Julão ? demanda Carlos Marra.

– Oui, monsieur. Il est tombé dans les buissons.

– Allons chercher ce salaud.

Ils découvrirent le jeune guérillero prostré dans son fourré, en train de comprimer sa plaie de la main gauche et de se tordre de douleur. Le commissaire chargea Tonho d'aller ramasser le sac de Genoino et s'approcha de lui.

– Un agriculteur ne se serait pas enfui, Geraldo. Ça veut dire que tu es communiste ?

– Je suis un paysan, commissaire, dit Genoino.

– On verra ça. J'ai envie de savoir combien de temps tu vas continuer à mentir.

Tonho interrompit le dialogue en revenant avec le sac en plastique du guérillero. À l'intérieur, une chemise, un kit anti-venin pour les morsures de serpent, une poignée de farine, un peu de sel et un revolver de calibre .38. Pour Carlos Marra, cette arme était un indice fort de l'implication de Genoino dans le mouvement rebelle.

– Je le rattache, commissaire ? demanda Ricardo.
– Oui, mais cette fois mets-lui les mains dans le dos.

Ils repartirent sur le sentier. Carlos Marra allait à cheval et les cinq autres marchaient autour de José Genoino. Júlio avait déjà parlé de la cabane qu'il avait vue la veille au soir, et le commissaire lui demanda de les guider jusque-là. Ils mirent une demi-heure à l'atteindre. Dedans, ils trouvèrent une casserole en fer, deux pelles, un tabouret de bois, quelques restes de nourriture et des résidus de poudre. Marra avait la certitude que cette cabane était une des bases de soutien des communistes.

– Tu connais cet endroit, Geraldo ? interrogea-t-il.
– Non, commissaire, mentit Genoino. Je ne suis jamais venu ici.
– C'est une planque de communistes, pas vrai ?
– Je ne sais pas, commissaire. Je vous l'ai déjà dit, je ne sais pas.

Carlos Marra ne croyait pas le prisonnier. Et il fut certain que cet homme le faisait marcher quand le chien qui se trouvait dans la cabane s'approcha du jeune guérillero en remuant la queue et lui lécha les pieds : ce corniaud roux, au poil ras et aux oreilles tombantes, venait de dénoncer José Genoino. Pour le commissaire, tout était clair. L'agriculteur qu'il connaissait sous le nom de Geraldo était un communiste. Point final. Il allait maintenant utiliser tous les moyens à sa disposition pour lui extorquer les informations voulues.

Ce fut le début de ce que José Genoino considère comme les pires moments de son existence. Des moments qui resteraient à jamais gravés dans la mémoire et le corps du jeune communiste. Convaincu qu'il faisait partie de la guérilla, le commissaire l'interrogea sur la localisation des autres bases du mouvement armé, un renseignement essentiel pour contrer l'action des rebelles. Il voulut aussi savoir combien de guérilleros opéraient dans l'Araguaia, quel armement ils utilisaient et comment ils communiquaient. À toutes ses questions, Genoino opposa la même réponse : "Je ne sais pas." Le commissaire jugea que la torture était le meilleur moyen de le faire parler. Ils commencèrent à le frapper, à le rouer de coups de pied et de coups de poing. Genoino sentit une douleur aiguë à l'estomac et un goût âcre de sang dans la bouche. Il avait toujours les mains attachées derrière le dos. Pour se protéger des coups, il se recroquevillait en ramenant les genoux contre sa poitrine.

Marra ne le touchait pas. Debout, il se contentait de distribuer des consignes de torture. Júlio aussi resta à l'écart du tabassage. Il avait dit au commissaire qu'il ne souhaitait pas taper sur le prisonnier et assista à la scène assis par terre, sa carabine entre les bras. Chaque coup encaissé par Genoino le faisait grimacer. Il ne comprenait pas comment Ricardo, Emanuel, Tonho et Forel, avec lesquels il venait de vivre pendant sept jours, pouvaient avoir l'air de trouver du plaisir à ça. Il était plus de midi quand ils s'arrêtèrent de cogner le prisonnier. Inanimé, Genoino gisait au sol le corps couvert de terre. Marra ordonna à Tonho de préparer quelque chose à manger. Le repas se composa de ce qu'il leur restait de riz et de *farofa* et des trois boîtes de sardines. Ils mangèrent tous assis par terre, en piochant à la main dans la casserole de fer. José Genoino était toujours allongé. Il avait l'air inconscient. Il essayait en fait de se remettre de sa raclée, qui lui avait laissé des hématomes sur le dos, au ventre et aux jambes.

Deux choses perturbaient Carlos Marra. Où était l'hélicoptère qu'il avait demandé pour les ramener à Xambioá ? Et comment soutirer au guérillero les informations qu'il voulait ? Pour ce qui était du premier problème, il ne pouvait qu'attendre. Dans le second cas, reprendre les séances de torture lui sembla la meilleure solution. Le soleil se cachait déjà derrière la forêt et un crépuscule rougeâtre s'étendait dans le ciel quand il commanda à ses hommes de se remettre à frapper le prisonnier. Genoino ne voulut pas croire que son cauchemar allait recommencer. Júlio tourna le dos pour ne pas voir la scène. Il ne fit qu'entendre les gémissements de douleur. Marra ne tarda pas à avoir une idée que Júlio trouva encore plus cruelle que tout ce qu'il avait vu jusque-là. Sur son ordre, Ricardo alla chercher deux des boîtes de sardines ouvertes pour le déjeuner et les plaça au sol, le côté déchiqueté vers le haut. Tonho, Emanuel et Forel forcèrent le jeune communiste à monter dessus. Genoino sentit les bords acérés des boîtes s'enfoncer dans la plante de ses pieds. Il avait les yeux fermés et serrait les dents. Forel le tenait par les cheveux.

– Et maintenant, Geraldo ? demanda Carlos Marra. Tu vas parler ?

– Je ne sais rien, commissaire. Je vous l'ai déjà dit.

– C'est toi qui vois. Moi, je suis prêt à rester ici jusqu'à ce que tu crèves de douleur. À ta place, j'aurais déjà tout déballé.

– Mais je n'ai rien à dire ! protesta Genoino entre deux gémissements.

Le temps passait, et le prisonnier ne donnait aucune information. Juste avant la tombée de la nuit, le commissaire demanda à Júlio de leur trouver à manger. Le jeune homme mourait de faim et se dit qu'une partie de chasse lui ferait du bien. Mais il avait très peur, à son retour, de trouver le jeune communiste mort. Ce n'était pas sa présence qui pouvait éviter une telle tragédie. Mais rester sans savoir ce qui se passait dans la cabane lui paraissait une très mauvaise chose. Pour lui, le guérillero ne mentait pas quand il disait qu'il ne savait rien. Le tuer n'avait aucun sens. Sauf qu'il n'était pas là pour penser ceci ou cela. Il devait obéir aux ordres de Carlos Marra. Il ramassa sa carabine et partit chasser de quoi dîner. Les derniers rayons du soleil ne traversaient presque plus les frondaisons. Malgré sa longue expérience de la chasse en forêt, Júlio avait du mal à repérer des proies possibles. À cette heure, beaucoup d'animaux étaient déjà dans leur tanière ou en haut des arbres où ils passeraient la nuit. Il vit un paresseux suspendu sous une branche et pensa à l'abattre. Il n'aimait pas la viande de cette bête mais, vu les circonstances, il ne pouvait pas s'offrir le luxe de choisir. Il renonça à son idée après s'être approché, quand il se rendit compte que le paresseux avait un petit accroché à son dos.

Il continua à fouiller la jungle du regard jusqu'à repérer un singe-araignée d'une soixantaine de centimètres allongé sur une branche, à quinze mètres de hauteur. Sa première balle fit mouche, dans la tête de l'animal. La détonation brisa le silence de la jungle et provoqua un envol d'aras. Júlio ramassa le singe sur les feuilles qui jonchaient le sol et retourna là où étaient les autres. Pendant la demi-heure qu'il avait consacrée à la chasse, il avait pensé à ce qui se passait à la cabane. Quel type de torture le communiste était-il en train de subir ? Le commissaire avait-il perdu patience et donné l'ordre de l'achever ? Il faisait nuit noire lorsqu'il arriva. Genoino gisait dans l'herbe humide, les mains ligotées dans le dos, visiblement inconscient. Carlos Marra et les autres se reposaient, assis par terre, autour du feu qu'Emanuel venait d'allumer.

Júlio s'approcha et laissa tomber son singe près des flammes.

– Voilà le dîner, dit-il.

Tous avaient déjà mangé du singe, mais personne n'avait envie de le préparer avant de le mettre à cuire.

– Quand on lui aura ôté la fourrure et la peau, dit le commissaire, il ressemblera à un bébé. Mais c'est un boulot d'enfer.

Cette corvée, là encore, fut confiée à Júlio. Il marcha jusqu'au bras de rivière le plus proche, à cinq cents mètres de la cabane, et se mit au travail. Il plongea le singe dans l'eau et, armé d'une machette, le dépouilla, en commençant par le ventre et en finissant par la tête. Ce ne fut alors qu'il se rendit compte que Marra avait raison. Sans sa fourrure ni sa peau, l'animal ressemblait vraiment à un nouveau-né. Surtout à cause de sa chair blanche, un peu rosée, et de ses membres tout fins. Júlio lui coupa la tête, lui arracha les tripes et les pattes et le lava avec soin, en grattant la chair avec ses ongles. Il en profita pour se baigner et prendre un peu de repos. De retour à la cabane, il confia le singe à Tonho, le cuisinier du groupe. Tonho débita l'animal en morceaux et, avant de le mettre à griller, assaisonna le tout avec du jus de citron et du gros sel. La viande était tendre, mais tout le monde reprocha à Tonho de l'avoir trop salée. Le chien sentit l'odeur et s'avança. Marra lui jeta un gros morceau de viande.

– On en donne un peu au communiste, commissaire? demanda Ricardo alors que tout le monde paraissait repu, dans un élan de générosité qui étonna Júlio.

– Et puis quoi encore? Laissons ce salopard crever de faim. Qui lui a demandé d'être un bandit?

– Ça veut dire que je peux manger le reste? continua Ricardo, montrant ses véritables intentions.

– Non. Gardons ça pour demain. On va rester ici jusqu'à l'arrivée de l'hélicoptère, et je ne sais pas quand il arrivera. Ça sera peut-être demain, mais ça peut aussi prendre deux ou trois jours. Et j'ai trop mal au pied pour passer encore des heures et des heures à marcher en forêt.

Júlio écoutait tout avec attention et se disait qu'il préférait passer une semaine à parcourir la jungle à pied plutôt que cinq minutes dans un hélicoptère ou dans n'importe quel autre engin capable de quitter le sol. Après le dîner, le groupe resta autour du feu pour parler des sujets habituels: la guérilla, les femmes et le football. Carlos Marra, Forel, Tonho, Ricardo et Emanuel racontèrent leurs aventures au Viêtnam, comme on appelait la rue en terre où se trouvaient les bordels de Xambioá. La rue tirait son surnom des bagarres constantes qui y éclataient. Elles avaient invariablement pour motif central le sexe, l'alcool ou l'argent. Dans les cas les plus graves – quand il y avait des morts –, les trois éléments apparaissaient combinés. Júlio entendit les autres décrire leurs exploits sexuels avec les prostituées du Viêtnam en pensant à Ritinha. Il eut même envie de leur dire à quel point il avait trouvé délicieux de faire l'amour avec elle une semaine avant son départ pour l'Araguaia, mais il préféra ne pas parler de son amoureuse.

Pendant que le groupe discutait, les hommes allèrent, l'un après l'autre, se laver dans la rivière. Puis, vers 20 heures, ils installèrent les hamacs. À ce moment-là, Carlos Marra, qui était toujours assis face au feu, se leva et marcha, en boitant bas, jusqu'à la cabane. Lui aussi venait de prendre un bain et était torse nu, ce qui faisait paraître sa bedaine encore plus grosse. Il s'assit sur le tabouret de bois et, croisant les bras sur sa poitrine, annonça à ses hommes qu'il était trop tôt pour dormir. Avant de se coucher, ils allaient devoir torturer de nouveau le prisonnier. Personne n'apprécia l'idée. Tous étaient trop fatigués pour se remettre à frapper le communiste. En plus de ça, ils étaient déjà d'accord pour penser que le jeune guérillero ne savait pas où étaient localisées les autres bases rebelles. Et que s'il le savait, il ne le dirait pas. Il l'aurait déjà fait.

– Commissaire, dit Emanuel, on n'en peut plus de cogner ce mec. On lui en a déjà mis plein la gueule, et il ne lâche rien.

– Je sais. Mais je ne vous demande pas de le cogner.

– Et on doit faire quoi ? intervint Ricardo.

– Allez chercher des tisons dans le feu et brûlez-lui les jambes jusqu'à ce qu'il parle. D'ici une heure, il sera passé à table.

Pour Júlio, la voix douce et mesurée du commissaire ne s'accordait pas avec une idée aussi barbare. Les autres, en revanche, avaient l'air contents de ce qu'ils venaient d'entendre. Ils revinrent vers le feu – y compris Júlio – et ramassèrent chacun un tison, en le tenant par sa partie encore non consumée. À l'autre bout, c'était de la braise. José Genoino gisait toujours dans l'herbe, prostré et les yeux fermés. Il était réveillé. Cela faisait environ quatorze heures qu'il avait été capturé. Pendant ce temps, il s'était fait rosser pendant des heures. Il n'avait rien mangé. Il n'avait rien bu. Il était tellement stressé qu'il n'avait même pas réussi à somnoler. Júlio accéléra et fut près de lui avant les autres.

– Dis-leur tout ce que tu sais, mon gars. Ou tu vas y passer à force de prendre des coups.

– Mais je ne sais rien, répondit le guérillero sans rouvrir les yeux. Je ne mens pas.

José Genoino n'oublierait jamais ce bref dialogue. Percevoir une certaine compassion chez celui qui lui semblait être le plus jeune du groupe le troubla. Il apprécia que, face à l'intensité de sa douleur et de son angoisse, un de ses bourreaux au moins s'inquiète pour sa santé. Il avait encore cette pensée en tête quand un puissant coup de pied s'abattit dans son dos. Il rouvrit les yeux et vit les six hommes debout autour de lui. Il crut qu'il allait de nouveau être passé à tabac. En voyant luire dans le noir la braise des tisons qu'ils tenaient, il pressentit qu'il allait encore plus souffrir que s'il se prenait une raclée de plus.

– Tenez-le à trois, ordonna Marra. Et les deux autres, brûlez-lui les jambes.

Júlio fut le premier à lâcher son tison. Il préférait tenir le communiste plutôt que de le torturer. Tonho et Forel firent de même. En se penchant pour attraper le guérillero, les trois hommes sentirent une forte odeur d'urine. Comme on lui avait interdit d'aller faire ses besoins dans la nature, Genoino avait mouillé son pantalon. Ricardo et Emanuel en retroussèrent les jambes jusqu'à ses genoux, et la torture commença. Genoino sentit les bouts de bois incandescents lui griller les mollets. Il criait et se tordait de douleur. Pour lui faire encore plus mal, Ricardo et Emanuel maintenaient leur tison appuyé contre sa jambe jusqu'à ce que la chair soit à vif. Le jeune communiste se débattait comme un beau diable mais était retenu par Júlio, Tonho et Forel. José Genoino porte aujourd'hui encore les cicatrices de ces brûlures. Le commissaire Marra assista à tout assis par terre.

– Alors, Geraldo ? demanda-t-il. Tu vas nous dire où se cachent tes amis, ou tu préfères continuer à déguster ?

– Je ne sais rien ! cria Genoino. Je vous l'ai déjà dit mille fois ! Je ne sais rien !

Júlio regarda le commissaire en espérant qu'il déciderait d'arrêter la séance. Mais Marra leur ordonna de continuer à brûler les jambes de Genoino et alla lui-même chercher d'autres tisons dans les flammes. Júlio trouva très étrange l'expression de satisfaction qu'il lut sur ses traits pendant que le communiste hurlait de douleur. Pour le garçon de dix-sept ans, même si le guérillero posait un gros problème à l'armée, rien ne justifiait une cruauté pareille. Il fut soulagé quand Marra commanda d'attacher le prisonnier à un arbre. "Il faut qu'on dorme", décréta le commissaire, qui ajouta peu après que ses cinq hommes devraient se relayer pour surveiller Genoino à tour de rôle. Júlio, Tonho, Forel, Emanuel et Ricardo se mirent d'accord sur un ordre de passage. Emanuel serait le premier, Júlio le dernier. Marra ne participerait pas. Avant de se coucher, ils transportèrent le guérillero évanoui jusqu'à un arbre à une dizaine de mètres de la cabane, l'adossèrent contre l'écorce et ligotèrent ses mains derrière le tronc. Il était à peu près 21 heures quand tout le monde, sauf Emanuel, se retira dans la cabane. La nuit se passa sans incident.

Le matin du 19 avril, ils se réveillèrent vers 7 heures, sous une chaleur brutale. Júlio, le dernier à avoir monté la garde, était déjà debout depuis deux heures. Il avait passé tout ce temps allongé sur son hamac étalé à même le sol, les yeux fixés sur Genoino, qui paraissait dormir. Mais le jeune communiste, qui avait mal partout et souffrait de brûlures profondes aux jambes, n'avait pas dormi. Il ne faisait que se reposer. Marra et les autres mangèrent les restes de viande de singe et retournèrent à la cabane, où ils restèrent à discuter. Le commissaire se plaignit une fois de plus de ses douleurs au pied et de ce maudit hélicoptère qui n'arrivait pas. Emanuel suggéra que deux ou trois hommes aillent à la rivière pêcher quelques poissons pour le déjeuner et pour le dîner, au cas où ils devraient passer encore une nuit sur place.

– Si vous voulez, dit Júlio, je m'en occupe. Je suis très bon pêcheur.

– Attendons encore un peu, répondit Marra. Si l'armée n'est pas là à midi, on fera comme ça.

Quand sa montre – la seule qu'il y avait dans le groupe – afficha midi pile, le commissaire fit venir Júlio et Tonho. Il demanda à Tonho de rallumer le feu pour préparer le déjeuner. Et dit à Júlio de ne revenir de la rivière qu'avec au moins deux kilos de poisson. Tonho partit chercher du petit bois pour le feu, et Júlio prit la machette pour se fabriquer un harpon avec une branche. Pendant qu'il taillait la pointe du harpon, il entendit un fracas assourdissant monter du haut de la forêt. Il leva les yeux et ne vit rien. Mais il avait déjà deviné ce que ce boucan voulait dire. L'hélicoptère de l'armée se posa en soulevant un tourbillon de feuilles et beaucoup de poussière. Carlos Marra bondit de son tabouret et alla saluer les militaires en boitant. Júlio s'inquiéta. Il avait décidé de demander au commissaire de le laisser rentrer à Xambioá en bateau mais savait qu'il devrait se plier à la décision de Marra. Quant à Genoino, il se demandait si l'arrivée de l'armée serait une bonne ou une mauvaise chose pour lui. Il était possible que les militaires le relâchent après l'avoir ramené en ville. Mais il était aussi possible qu'ils sachent déjà qu'il était militant du Parti communiste du Brésil et lui fassent vivre un enfer encore plus terrible.

Carlos Marra discutait avec les militaires à côté de l'hélicoptère sans que Júlio réussisse à entendre ce qu'ils se disaient. À voir la mine fermée des cinq hommes en uniforme vert, chaussés de bottes noires et poussiéreuses, il devina qu'ils étaient tous très en colère. L'un d'eux remonta dans l'appareil et réapparut avec un énorme baril. Le commissaire demanda à Ricardo d'emmener ce soldat à la rivière. Ils en revinrent peu après, portant à deux le baril rempli d'eau. Les militaires s'approchèrent de Genoino. En dehors de Marra, seul Ricardo les accompagna. Júlio, Tonho – qui venait de rentrer de la forêt –, Forel et Emanuel assistèrent à la scène de loin.

– On va voir s'il ne parle pas, dit l'homme qui avait l'air d'être le chef des militaires, en regardant dans le blanc des yeux Genoino, qui l'écoutait avec effroi.

Ils le détachèrent de son arbre mais lui ligotèrent à nouveau les mains dans le dos. Deux hommes le soulevèrent par les aisselles et plongèrent sa tête à l'intérieur du baril. Jamais José Genoino n'avait connu un moment aussi terrible. Immergé jusqu'au cou et incapable de respirer, il poussa un cri silencieux. Il avalait de l'eau et se démenait pour sortir la tête du baril, mais deux mains fermes l'en empêchaient. Il sentit tout à coup qu'on le tirait par les cheveux. Il pouvait à nouveau respirer. Paniqué, il cracha l'eau de sa bouche et s'emplit tellement les poumons qu'il crut qu'ils allaient exploser. Un des militaires lui attrapa la nuque et dit :

– Où sont les autres communistes ? Tu vas parler, ou tu préfères mourir noyé ?

La réponse fut la même que celle qu'il avait plusieurs fois donnée à Carlos Marra.

– Je ne sais rien !

Et il se retrouva la tête sous l'eau. Les yeux fermés, il sentait une main secouer son crâne d'un côté et de l'autre du baril. Son front se cognait contre les parois en aluminium.

Il ne sut bientôt plus combien de fois la séquence se répéta. À la dernière, il eut la certitude qu'il allait mourir. Il n'était plus capable de penser à rien. Sauf à survivre. Il se débattait, cherchait désespérément un peu d'oxygène. Il tremblait de tout son corps, secoué de spasmes qui effrayèrent Júlio. Le jeune homme regardait, immobile à dix mètres de distance. Il demanda à Dieu de délivrer le jeune guérillero de cette horreur. Il crut que ses prières avaient été entendues en voyant un des militaires sortir à nouveau du baril la tête de Genoino. Le communiste s'écroula au sol en crachant de l'eau par la bouche et en toussant à n'en plus finir. Le traumatisme de cette torture fut tel que Genoino resterait près de dix ans sans pouvoir se baigner dans une rivière ou dans la mer.

– Allons-nous-en ! cria celui qui semblait commander les militaires. On reprendra l'interrogatoire en ville.

Le commissaire Marra regarda ses hommes et, sans un mot, leur montra l'hélicoptère. Tous comprirent le message et se dirigèrent vers l'appareil. Avant d'embarquer, les militaires menottèrent Genoino et lui entravèrent les chevilles avec une chaîne rouillée. Ils le forcèrent ensuite à s'asseoir par terre et prirent une photo qui deviendrait une des images les plus célèbres de la Guérilla de l'Araguaia. L'atmosphère était tellement lourde que Júlio renonça à demander au commissaire la permission de rentrer en bateau à Xambioá. Il fit une dernière prière, grimpa dans l'hélicoptère et se blottit dans un coin. Genoino fut hissé à bord par deux soldats dont l'apparence suggéra à Júlio qu'ils étaient aussi jeunes que lui. Avant le décollage, il vit Ricardo aider deux autres militaires à incendier la cabane et tout son contenu. Il vit aussi le chien fuir le feu et détaler vers la rivière. Quand l'hélicoptère s'envola, Júlio, assis sur le plancher de métal, plaqua les genoux contre son thorax, noua les bras autour de ses jambes et serra fort les paupières. Il ne les rouvrirait qu'une fois de retour sur la terre ferme. José Genoino eut encore le temps de voir les flammes dévorer la cabane qui avait servi de base à ses compagnons de lutte.

Une dizaine de minutes plus tard, ils étaient à Xambioá. Júlio fut impressionné par la vitesse à laquelle ils étaient rentrés. Même s'il avait l'air dangereux, l'hélicoptère était vraiment très rapide et très commode. En entendant Ricardo et Emanuel parler de la beauté de la forêt vue d'en haut, il regretta de ne pas avoir eu le courage d'ouvrir les yeux pendant le vol. Il était un peu plus de 14 heures quand Carlos Marra, son groupe au complet, José Genoino et deux des militaires arrivèrent à la prison municipale de Xambioá. Trois nouveaux jours d'interrogatoires et de tortures s'ensuivirent. Mais le prisonnier continuait à nier sa participation à la guérilla et à dire qu'il ne savait rien. En recoupant les indices trouvés dans la cabane et les témoignages de plusieurs paysans de la région, qui déclarèrent que Genoino faisait partie du mouvement révolutionnaire, l'armée décida d'envoyer à Brasília le guérillero présumé – dont le vrai nom restait inconnu –, il y serait remis au Peloton d'investigations criminelles, le PIC.

Le voyage eut lieu le 22 avril 1972, dans un avion militaire de type Búfalo. Dans la capitale fédérale, l'identité réelle de José Genoino Neto fut établie. Le suspect était bel et bien un communiste affilié au PCdoB qui avait même déjà été arrêté en octobre 1968 à Ibiúna, dans l'État de São Paulo, pour son action politique. On en conclut aussitôt que le jeune homme faisait partie des leaders de la Guérilla de l'Araguaia. Un mois plus tard, il fut réexpédié à Xambioá et incarcéré dans la base militaire qui avait pris la place du stade de football local. Après deux semaines de tortures supplémentaires – surtout des tabassages et des décharges électriques –, le communiste se retrouva de nouveau à Brasília.

Il y resta enfermé et, en janvier 1973, fut transféré dans une prison militaire de São Paulo. Il ne retrouverait sa liberté que le 18 avril 1977, cinq ans jour pour jour après avoir été atteint par la balle de Júlio Santana dans les forêts de l'Araguaia. À sa sortie de prison, José Genoino devint professeur d'histoire. Cinq ans plus tard, il fut élu député fédéral de São Paulo pour le Parti des travailleurs avec cinquante-huit mille voix. Il remporterait à nouveau le même siège en 1998, mais cette fois avec trois cent mille voix, ce qui fit de lui le recordman des votes à l'Assemblée cette année-là. Ce ne fut qu'à cette époque, en voyant à la télévision un reportage sur le succès de l'élu su PT dans lequel apparaissait la photo de Genoino capturé dans l'Araguaia, que Júlio Santana comprit que l'homme sur lequel il avait tiré en avril 1972 était devenu un politicien brésilien influent. Genoino et lui ne se reparlèrent plus jamais.

LA DEUXIÈME MORT

Júlio n'arrivait pas à dormir. Le lit de la pension, qui avait du mal à contenir son corps d'un mètre soixante-seize, lui semblait encore plus étroit et inconfortable que d'habitude. La scène qu'il avait vue cet après-midi-là ne lui sortait pas du crâne. Peu après le déjeuner, des soldats de l'armée de terre et des parachutistes de la Force aérienne brésilienne (FAB) avaient pendu par les pieds le corps sans vie d'un jeune homme maigre, aux cheveux noirs et aux vêtements en lambeaux, sous un arbre voisin de la base militaire installée sur le terrain de football de Xambioá. La tête du cadavre flottait à un peu moins d'un mètre du sol. Un groupe de dix ou douze militaires se moquaient de lui et l'insultaient, en même temps qu'ils le bombardaient de coups de pied dans la figure et à la nuque. Son corps se balançait comme un sac. Son visage était déjà entaillé en plusieurs endroits. Son œil gauche avait tellement enflé qu'on aurait dit une boule rouge. Les passants s'arrêtaient, effrayés, pour regarder. Ni Júlio ni eux ne connaissaient l'identité de ce pauvre malheureux, mais ils supposaient qu'il s'agissait d'un guérillero. Ils en étaient sûrs.

Comme Júlio l'apprendrait un peu plus tard – par le commissaire Marra –, le corps était celui du Bergson Farias, vingt-quatre ans, originaire du Ceará. Militant du PCdoB, Bergson avait été capturé et tué le matin même – le lundi 8 mai 1972 – par des soldats de la FAB dans les forêts de l'Araguaia. C'était le cadavre massacré du jeune communiste que Júlio s'efforçait d'oublier dans l'espoir de passer une nuit tranquille. Il n'y arriva pas. Il se réveilla plusieurs fois essoufflé et en nage, moins à cause de la chaleur implacable de Xambioá que des cauchemars où il revoyait le corps de Bergson pendu sous l'arbre. Toute cette violence le dépassait. Il ne supportait plus d'assister à des scènes comme la séance de torture de José Genoino ou la pluie de coups reçue par le cadavre de Bergson Farias au vu et au su de tous les passants. Il voulait rentrer chez lui. Il voulait retrouver la tranquillité de son village au bord du Rio Tocantins, à Porto Franco. Et, plus que tout, il voulait serrer Ritinha dans ses bras. En fin de compte, ce fut le souvenir de son sourire radieux et de son regard toujours illuminé qui l'aida à trouver le sommeil.

Cela faisait un peu plus de deux semaines que Júlio était revenu de sa dernière opération dans la jungle, pendant laquelle Genoino avait été capturé. Il dormait toujours à la pension. Son efficacité en forêt avait convaincu le commissaire Marra de prendre en charge ses frais d'hébergement. Xambioá était en plein chaos. À cause des militaires qui arrivaient sans cesse – on estime que, sur la durée totale de la Guérilla de l'Araguaia, quatre mille d'entre eux furent déployés dans la région –, la ville manquait de tout. De nourriture, de boissons, de cigarettes, de produits d'entretien. Tout ce qui se vendait de meilleur dans les petits marchés de la ville était réservé aux hommes de l'armée de terre, de la marine et de l'aviation. Les trois mille et quelques habitants de Xambioá – qui en compte aujourd'hui treize mille – devaient se contenter du reste.

Les militaires demandaient constamment à Júlio de travailler pour eux. Parmi les tâches qu'on lui confiait, celle qui le dérangeait le plus était d'abattre des arbres pour augmenter la surface du camp militaire et créer une piste d'atterrissage pour les avions de la FAB. Ses mains étaient couvertes de cals à force de passer des heures à serrer une hache. Il n'était pas rare qu'il participe aussi à la construction de nouveaux baraquements de bois, où seraient installés des postes de soins, des logements et des dortoirs pour les soldats. Il avait beau détester ce type de corvée, il préférait encore être ici, en ville, plutôt que dans la jungle à chasser des communistes. La dernière chose qu'il voulait, c'était de devoir tirer à nouveau sur un homme. Pendant quelques jours, on ne parla à Xambioá que du guérillero pendu par les pieds – son cadavre n'avait été décroché qu'aux premières heures du jour le lendemain, alors que les urubus commençaient déjà à le manger.

Cet épisode avait installé un climat de terreur dans la population. Tout le monde craignait la barbarie des militaires. Et c'était justement l'intention des commandants de l'opération, comme l'expliqua Carlos Marra à Júlio, au commissariat :

– La population doit comprendre que ça peut arriver à tous ceux qui aideront les communistes.

– Comment ça, commissaire ? demanda Forel, dont la famille vivait à Xambioá. Vous voulez dire que les soldats pourraient tuer des gens d'ici, juste parce que quelqu'un a aidé les Paulistas ?

– Évidemment, mon gars. Tous ceux qui aident les rebelles sont contre nous. Et tous ceux qui sont contre nous seront traités comme des rebelles. C'est le seul moyen d'en finir avec ce merdier.

Júlio écoutait sans rien dire et était effrayé par la dureté des paroles de Marra. Il pressentait que quelque chose de grave se préparait dans la région. Ce soir-là, le commissaire annonça qu'il paierait la récréation pour tout le monde. "Récréation" était le mot qu'il utilisait pour parler des soirées au Viêtnam, le quartier de la prostitution de Xambioá. Dans une rue en terre battue, une dizaine de bicoques en bois, éclairées par des lampions multicolores, avaient comme attraction des filles sommairement vêtues et trop maquillées. Júlio était le seul du groupe à ne pas avoir encore profité des services des petites du Viêtnam, comme les appelaient les clients.

– Là-bas, Julão, il y a des filles de tous les genres, dit le commissaire.

– Je n'ai pas envie d'y aller, monsieur, répondit le jeune homme, qui n'avait pas encore dix-huit ans. Je préfère rester ici et m'occuper du commissariat.

– Tu dis toujours ça. Mais aujourd'hui tu n'y couperas pas. Tu vas devoir venir avec nous, décréta Carlos Marra.

C'était la troisième ou quatrième fois que Marra proposait à Júlio de les suivre au Viêtnam. Mais le jeune homme avait toujours refusé. Ce soir-là, pourtant, il profita de l'insistance du commissaire pour assouvir sa curiosité et découvrir ce qui se passait à l'intérieur de ces maisons aux portes toujours ouvertes, quoique protégées par des rideaux de toutes les couleurs. Il partit avec Marra, Forel et Emanuel. Beaucoup d'hommes allaient et venaient déjà dans la rue du Viêtnam. Les militaires étaient en uniforme et marchaient en bombant le torse. Leur tenue semblait attirer l'attention des "petites", qui souriaient et leur faisaient des signes. Au seuil d'une porte, Júlio vit une jeune fille à la peau claire et aux cheveux châtains lui sourire. Elle portait un soutien-gorge rouge et une jupe noire, ultra-courte, qui laissait voir ses cuisses rondes. Carlos Marra remarqua l'échange de regards et demanda à Júlio s'il voulait faire sa connaissance.

– Non merci, commissaire. Je suis juste venu voir comment ça se passe.

À cet instant, il vit Emanuel et Forel se faire entraîner par deux femmes qu'il trouva laides et vieilles à l'intérieur d'une autre maison. Il regarda en arrière et s'aperçut que la fille aux cuisses rondes l'observait toujours en souriant.

– Tu la veux, hein ? dit Marra. Viens. Elle est à toi.

– Non, commissaire. Je ne veux rien. Continuons à marcher.

– Ne discute pas, dit Marra en prenant Júlio par le bras. On y va, et tout de suite.

Sans un mot, Carlos Marra le tira jusqu'à la maison où était la fille et, en la prenant par la main, ordonna :

– Occupe-toi de mon ami. Et fais ça bien, je paierai après.

– Bien sûr, commissaire, répondit la jeune femme.

En voyant entrer le policier, une grande blonde en foulard d'un mètre soixante-dix environ, un peu grosse, contourna un comptoir de carrelage bleu. Júlio vit Marra la saluer poliment d'un baiser sur sa main droite, penché en avant. Deux autres filles discutaient sur un canapé sombre au tissu déchiré. Celle qui était chargée de s'occuper de lui le fit asseoir dans un fauteuil et s'installa sur ses genoux. Il ne savait pas quoi faire, ni où poser les mains.

– Comment tu t'appelles ? demanda-t-elle.

– Júlio.

– Tu sais que tu es très beau ? enchaîna-t-elle en lui caressant le visage et les bras.

Il baissa les yeux et sourit, tout gêné.

La fille se pencha vers lui, colla une joue contre la sienne et se mit à lui caresser le torse. Il croyait faire quelque chose de mal, mais les gestes de la fille lui plurent. Il était excité. Toujours assise sur ses genoux et avec le sourire, elle commença à rouler des hanches. D'une main, la “petite” lui touchait le visage, le cou et les oreilles. De l'autre, elle caressait son intimité. Júlio repensa au jour où Ritinha avait fait la même chose. Mais ce n'était pas pareil avec Ritinha. Ritinha n'avait pas cet air vicieux, ni ce rouge à lèvres, ni les vêtements provocants de la fille qui semblait danser sur ses genoux. Il ne comprenait pas pourquoi, mais l'impression de faire quelque chose d'interdit l'échauffa encore plus. La prostituée se tortillait tellement contre lui que Júlio voyait maintenant sa culotte. Elle était noire, comme la jupe. Il ne se contint plus et lui palpa les cuisses avec force.

– Allons dans la chambre, dit-elle en lui prenant la main droite.

Júlio chercha le regard du commissaire. Il discutait toujours avec la blonde, qui devait être la tenancière. Marra lui adressa en souriant un léger hochement de tête, comme s'il approuvait la décision de la fille. Ils marchèrent vers le fond de la maison en passant par un couloir bordé de portes en bois qui ne mesurait pas plus d'un mètre cinquante de largeur. Ils entrèrent dans la dernière pièce à gauche. Il faisait très sombre. Une ampoule jaunâtre éclairait la chambre. La fille le fit s'allonger sur le lit, l'unique meuble. Júlio sentit une odeur insupportable. Tellement mauvaise qu'il plissa les yeux et leva une main devant son nez, dégoûté. Par les interstices des cloisons de planches, il entendait des grincements et des râles venus de la chambre voisine. Couchée sur lui, Cibele – comme elle disait s'appeler – dégrafa son soutien-gorge. Sans esquisser le moindre mouvement, Júlio se laissa faire quand elle lui arracha d'un seul geste son pantalon et son slip. Il était nerveux. Immobile sur le lit. Mais toujours excité.

– Tu es puceau ? demanda-t-elle.

– Non, se contenta de dire Júlio.

– Laisse-toi faire.

Le corps de la fille semblait glisser sur lui. Elle commença par l'embrasser dans le cou, descendit sur son torse, son ventre, jusqu'à l'embrasser là. Son oncle Cícero lui avait déjà dit de demander à Ritinha de faire ça, mais il n'avait jamais osé. Il n'aurait jamais cru pouvoir éprouver autant de plaisir. Son corps entier tremblait. Cibele l'aspirait goulûment. Comme si elle avait soif. Il gardait les yeux fermés. Sa respiration était hachée, tremblante. Un profond frisson de son échine lui fit pousser un long soupir. Cibele redressa la tête et l'empoigna avec force, en faisant des mouvements rapides, de haut en bas. Jusqu'au moment où le jeune homme parut tourner de l'œil.

– Ça t'a plu, Júlio? demanda-t-elle, toujours avec le même sourire sur le visage.

– Énormément, répondit-il, faible et encore haletant.

Pendant qu'il reprenait des forces, il vit Cibele ramasser son soutien-gorge dans un coin de la chambre, recoiffer de la main ses cheveux, enfiler ses sandales et lisser sa minijupe. Ensuite, elle lui tendit son pantalon et son slip. Júlio se rhabilla rapidement, et tous deux regagnèrent le salon de la maison.

– Déjà? s'étonna Marra, qui parlait toujours avec la patronne.

– C'est un rapide, commissaire, dit Cibele.

– Mais vous n'êtes même pas restés dix minutes là-dedans! C'était bon, Julão ?

Le jeune homme se contenta de confirmer en hochant la tête. Marra vida son verre de bière et demanda à la tenancière combien il lui devait.

– La bière est offerte par la maison, répondit-elle. Pour la fille, ce sera 10 cruzeiros.

– C'est trop cher. En voilà 5, dit Marra en sortant de sa poche un billet qu'il plaqua sur le comptoir.

La femme prit l'argent sans protester. Júlio s'étonna de voir que les quelques minutes qu'il venait de passer avec Cibele coûtaient aussi cher qu'un déjeuner à Xambioá. Il avait adoré ce qu'elle venait de lui faire dans cette chambre puante. Mais ça ne valait pas un déjeuner. Carlos Marra proposa de lui montrer d'autres maisons de la rue, mais Júlio préféra rentrer à la pension. Il voulait dormir. Mais pas sans avoir demandé pardon à Dieu d'être allé au lit avec une fille de ce genre. Il se sentait sale. Alors que Ritinha était sûrement en train d'attendre sagement son retour chez ses parents, il avait couché avec une fille payée pour ça. Il ne pouvait pas nier qu'il avait apprécié, et pas qu'un peu, ce qu'il avait ressenti au lit avec Cibele. Mais il ne recommencerait pas. C'était décidé. Ce soir-là, il s'endormit en pensant qu'il aurait aimé que Cibele soit avec lui, dans son lit, pour lui refaire tout ça.

Son emploi du temps ne changea pas les jours suivants. Júlio se levait tôt – jamais après 7 heures –, avalait deux pains au fromage et un Coca-Cola à la boulangerie du coin et rejoignait le poste de police, où le commissaire lui donnait son programme du jour, qui, depuis trois semaines, consistait à se présenter à la base militaire pour donner un coup de main là où il fallait. Ce matin-là, Marra l'avertit qu'ils repartiraient deux ou trois jours plus tard pour une opération de chasse aux guérilleros dans les forêts de l'Araguaia. Il ajouta qu'il avait reçu un message de son oncle Cícero Santana :

– Il m'a demandé de te dire qu'il repasserait à la fin du mois.

– Il était temps ! Ça fait quatre semaines que je ne l'ai pas vu !

Le 10 mai, Júlio, Carlos Marra, Emanuel et Forel quittèrent Xambioá pour une nouvelle expédition dans la jungle. Ils passèrent six jours à sillonner la région pour chercher des communistes et intimider les paysans qu'ils voulaient convaincre de coopérer avec l'armée. Ils ne capturèrent aucun membre du mouvement révolutionnaire, mais le commissaire se disait satisfait de ses contacts avec les habitants. Dans toutes les maisons qu'ils trouvaient sur leur chemin, Marra s'arrêtait pour parler aux occupants. Il leur distribuait des vêtements, des outils, des médicaments et aussi des menaces, disant que tous ceux qui n'aideraient pas les militaires à arrêter les guérilleros seraient eux aussi emprisonnés et torturés.

– Je suis sûr que si ces gens entendent parler d'un mouvement de communistes dans le coin, dit le commissaire à ses hommes sur le chemin du retour à Xambioá, on saura ça très vite.

Deux jours après leur retour en ville, Júlio attendait les ordres de Carlos Marra au poste de police quand quatre militaires entrèrent avec un homme aux poignets ligotés dans le dos. On était l'après-midi du jeudi 18 mai, et le prisonnier était le batelier Lourival Moura, un quadragénaire à la peau brune et aux cheveux crépus d'un mètre soixante-dix environ. Un soldat expliqua au commissaire que le prisonnier collaborait avec les guérilleros. Le batelier dit que ce n'était pas vrai, qu'il n'avait jamais aidé un seul communiste. Il fut interrompu par un coup de poing à l'estomac, décoché par un autre soldat.

– Bouclez-moi cette crapule, commissaire, dit celui qui semblait commander le groupe de militaires. On reviendra le faire parler plus tard.

– Bien sûr, lieutenant, répondit Carlos Marra. Ces gens-là sont tous comme ça. Ils commencent par dire qu'ils n'ont rien fait, et ensuite ils vident leur sac.

Le commissaire annonça bientôt que, à partir de ce moment-là, la surveillance du prisonnier serait de la responsabilité de Júlio. Sa tâche se limitait à rester de garde au poste chaque fois que Marra et ses hommes en seraient absents, y compris – et surtout – la nuit. Il devrait donc dormir sur place. En écoutant Marra parler avec les militaires, Júlio apprit que Lourival était soupçonné d'aider les guérilleros en achetant pour eux des vivres et des munitions et même en leur prêtant son bateau pour leurs déplacements. Le batelier fut enfermé dans la cellule de quatre mètres carrés, qui était vide.

Le soir même, alors que Júlio était seul au commissariat, deux hommes en uniforme de l'armée arrivèrent pour interroger le prisonnier. Le commissaire avait dit qu'il partait faire un tour au Viêtnam et qu'il repasserait ensuite pour voir comment les choses se passaient. Júlio remit la clef de la cellule à un des militaires et resta debout à la porte du bâtiment. Au bout de quelques minutes, il commença à entendre des cris, qui, avec le temps, devinrent de plus en plus effrayants. Il fut tenté de rentrer pour voir ce qui se passait mais décida qu'il valait mieux rester là où il était. Il n'avait rien à voir là-dedans. Il était juste chargé d'assurer la permanence au poste en l'absence de Marra.

Au bout d'une heure environ, les deux militaires rendirent la clef de la cellule à Júlio et s'en allèrent.

– Dis au commissaire qu'on reviendra l'interroger demain soir, déclara l'un d'eux.

Júlio attendit qu'ils aient disparu pour aller voir dans quel état était le prisonnier. Il trouva Lourival couché sur le sol, en slip, avec des plaies aux jambes en sang et des hématomes au visage. En entendant la grille s'ouvrir, le batelier marmonna :

– Je vous l'ai déjà dit. Je ne sais rien. Je n'ai aidé personne.

– Qu'est-ce qu'ils vous ont fait ? demanda Júlio.

– Ils ont dit qu'ils me découperaient en morceaux si je n'avoue pas où sont cachés les Paulistas. Mais je n'en sais rien. Je n'en sais rien.

La nouvelle de l'arrestation du batelier ne tarda pas à faire le tour de Xambioá. Lourival Moura, qui vivait et travaillait dans la région, était connu pour être un homme tranquille. Le lendemain, quatre de ses collègues vinrent au poste. Ils voulaient voir comment allait le batelier, mais le commissaire Marra ne le leur permit pas. Il dit que seuls les membres de sa famille pourraient le voir. Moins d'une heure plus tard, le fils de Lourival, un garçon de quatorze ans svelte et brun de peau apparut à la porte du commissariat. Il tenait un hamac et une casserole pleine d'un mélange de riz, de farine de manioc, de haricots et de viande sèche.

– C'est pour quoi faire? demanda le commissaire sans se lever de son fauteuil.

– Ma mère m'a demandé d'apporter ça à mon père, répondit le garçon, les yeux baissés.

– Pose ça ici, dit Marra en indiquant la table, on s'en occupe.

– Ma mère m'a dit que je devais les lui apporter moi-même et voir comment il va.

– Ton père est blessé, petit. Rien de grave, mais je ne peux pas laisser un enfant comme toi aller jusqu'à la cellule. Laisse ces choses sur la table, j'envoie quelqu'un les lui donner tout de suite.

Le commissaire fit signe à Júlio de prendre le hamac et la casserole des mains du garçon.

– Ma mère m'a dit que je ne devais pas rentrer sans l'avoir vu, insista le fils de Lourival.

– Ça ne va pas être possible aujourd'hui. Dis à ta mère que tu pourras lui parler demain. Si elle a envie de t'accompagner, je vous laisserai le voir tous les deux.

Ce soir-là, Carlos Marra autorisa Júlio à rentrer dormir à la pension et réquisitionna deux soldats pour passer la nuit à surveiller le prisonnier. Le samedi 20 mai, Júlio se réveilla impatient de voir comment il allait. Il ne savait pas pourquoi, mais il croyait que Lourival disait vrai quand il affirmait n'avoir aucun lien avec la guérilla. Il se trompait.

Comme il l'apprendrait plus tard, le batelier collaborait bel et bien avec les communistes. Júlio rejoignit le poste vers 7 heures et demie du matin. Deux soldats bavardaient en attendant Carlos Marra, qui avait promis d'être là à 8 heures. À Júlio, ils dirent que le prisonnier avait passé une bonne nuit. Le jeune homme s'approcha de la cellule et vit Lourival en chien de fusil dans un coin, sous le hamac apporté la veille par son fils. Apparemment, il n'avait pas subi d'autres tortures. Juste avant l'heure du déjeuner, son fils et son épouse arrivèrent. Ils furent reçus par le commissaire en personne.

– Vous avez dit qu'on pouvait venir aujourd'hui pour voir mon mari, dit la femme.

– C'est vrai. Mais j'avais oublié qu'on est samedi. Je vous prie de m'excuser, madame. Mais les visites ne sont autorisées que du lundi au vendredi.

– Commissaire, vous avez dit vous-même à mon fils qu'on pourrait lui parler aujourd'hui, et…

– Je sais, madame. Et je vous ai fait mes excuses. Mais comprenez-moi… c'est la loi. Les visites aux prisonniers sont interdites le week-end. Revenez lundi, et je vous promets que votre fils et vous pourrez parler à Lourival.

– Je peux vous laisser ce repas que je lui ai préparé ?

– Bien sûr. Laissez-le-moi, j'envoie quelqu'un le lui apporter.

– On revient lundi matin, vu ? lança la femme du batelier en quittant le bâtiment.

Elle ne devait plus jamais voir son mari vivant. Ce soir-là, Carlos Marra et son groupe sortirent s'amuser au Viêtnam. Júlio fut ravi d'être désigné pour garder le commissariat. Il ne se pardonnait toujours pas d'avoir trompé Ritinha. Et il ne voulait plus coucher avec ce genre de femme, même s'il avait pris beaucoup de plaisir aux caresses de Cibele. Seul au poste de police, il se sentait important. Comme si lui-même était le commissaire de la ville. Assis dans le fauteuil de Marra, il entendit Lourival gémir. Il envisagea de voir comment se portait le prisonnier mais préféra s'en tenir aux consignes du commissaire, qui lui avait dit de ne pas aller dans le fond “pour rien”.

Vers minuit, Marra, Forel et deux soldats revinrent. Ils étaient tous soûls. Ils parlaient fort, souriaient de façon exagérée et puaient la cachaça.

– Comment va notre ami, Julão ? demanda Marra en expédiant une bourrade dans le thorax du jeune homme.

– Toujours dans la cellule, commissaire. Il n’arrête pas de gémir.

– Le pauvre. Il souffre trop. On va le libérer de ses souffrances en vitesse, dit le commissaire en partant vers le fond du commissariat, où se trouvait la cellule.

Forel et les deux soldats lui emboîtèrent le pas. Júlio préféra attendre sur le seuil du bâtiment, en priant pour que rien de mal n’arrive. La rue était déserte. Rien, sauf quelquefois un homme ivre qui rentrait du Viêtnam. Il entendit Lourival pousser des cris désespérés. Ces cris étaient tellement forts qu’un type qui passait dans la rue jeta un regard épouvanté vers l’intérieur du poste. Júlio ne savait pas quoi faire. Il était curieux de voir ce qui se passait dans la cellule. En même temps, il savait que ça ne lui plairait pas du tout. Il n’avait aucune envie d’assister à de nouvelles tortures. S’il ne pouvait rien pour ce pauvre malheureux, mieux valait s’en aller. Appuyé contre la porte d’entrée, il cria :

– Je peux rentrer dormir à la pension, commissaire ?

– Qu’est-ce que tu dis ? répondit Marra, lui aussi en criant.

Júlio s’avança jusqu’au mur qui séparait la salle de la cellule, et répéta d’une voix forte, de plus en plus troublé par les hurlements de Lourival :

– Je meurs de sommeil, commissaire. Je me suis levé tôt. Je peux rentrer à la pension ?

– D’accord. Mais, demain, je veux que tu sois ici à 8 heures.

– Promis. J’y vais. À demain.

– À demain. Verrouille la porte d’entrée et jette la clef près de la table.

Júlio ne ferma pas l'œil de la nuit. Il était inquiet. Il se tournait et se retournait dans son lit. S'asseyait. Se relevait. Son angoisse était telle que, en pleine nuit, il quitta sa chambre et fit les cent pas dans la cour. Il passa un moment assis sur une caisse en bois au milieu des cochons et des poules de la propriétaire. Les cris de Lourival ne lui sortaient pas de la tête. Il regrettait de ne pas avoir essayé d'intervenir en faveur du batelier. Il savait que son avis n'aurait rien changé pour le commissaire. Mais il ne se serait pas dégonflé comme il l'avait fait. Il avait la gorge sèche. Sur le trajet du retour vers sa chambre, il ouvrit le robinet fixé au mur du fond couvert de moisissure. Il s'accroupit et but jusqu'à se sentir désaltéré. Il était allongé dans son lit quand les premières lueurs du jour se faufilèrent par les interstices de sa porte en bois. Il devait être vers les 6 heures du matin en ce dimanche 21 mai.

Carlos Marra avait dit qu'il devrait se présenter au poste à 8 heures. Il n'avait pas envie d'attendre aussi longtemps. Il resta allongé trente ou quarante minutes de plus et se leva. Il enfila un pantalon et une chemise, se débarbouilla au même robinet. Il ne s'arrêta même pas à la boulangerie où il avait l'habitude de prendre son petit-déjeuner. Il se contenta de demander l'heure à l'homme qui le servait la plupart du temps : il était 7 h 10. Júlio trouva la porte du commissariat fermée à clé. Il contourna le bâtiment et essaya celle du fond. Elle aussi était fermée. Il revint côté rue et frappa deux grands coups.

– Qui est-ce ? demanda une voix masculine qu'il reconnut comme celle de Forel.

– C'est moi. Julão.

Forel entrouvrit juste assez la porte pour jeter un regard à Júlio et lui tendre un billet de 5 cruzeiros.

– Va à la boulangerie et achète tout ce que tu pourras de pain, de fromage et de beurre avec ça. Ah, rapporte aussi un thermos de café. Dis-leur que c'est pour le commissaire.

– Je pourrai prendre un Coca-Cola pour moi ?

– Pas de problème.
– J'y vais, dit Júlio.
Et il repartit au trot.

Moins de dix minutes plus tard, il était de retour. Il jeta son sac de provisions sur le bureau du commissaire et se dirigea d'un pas nerveux vers la cellule. Le spectacle était effroyable. Le corps de Lourival flottait à cinquante centimètres du sol, pendu par le cou à une poutre, en slip. Ses yeux exorbités semblaient peints en rouge. Le côté gauche de son visage était déformé par une bosse violette grosse comme une orange. Son ventre présentait de longues marques rougeâtres, dont Júlio devina qu'elles avaient été causées par le manche du balai abandonné dans un coin de la cellule. Il plissa les yeux et pinça les lèvres d'horreur en remarquant plusieurs plaies sur ses jambes. Certaines saignaient encore. Les mains du mort étaient attachées derrière son dos. Júlio pensa à le décrocher de son gibet mais décida qu'il valait mieux ne rien faire. Il revint dans la salle du commissariat. Forel mangeait un petit pain au beurre et au fromage et tenait de la main gauche un verre contenant deux doigts de café.

– Qu'est-ce qui s'est passé ici, Forel ? demanda Júlio.

– Comment ça ?

– Le type est mort. Dans la cellule. C'est vous qui lui avez fait ça ? C'est le commissaire qui a donné l'ordre de tuer ce malheureux ?

– Je ne sais rien, Julão. Demande au commissaire. Il ne va pas tarder, répondit Forel avant de mordre une fois de plus dans son pain.

Júlio se fit un sandwich avec beaucoup de beurre et une généreuse quantité de fromage. Il ouvrit sa bouteille de Coca-Cola en calant le bord de la capsule contre l'angle de la table et en frappant dessus de haut en bas. Forel en était à son deuxième petit pain quand Carlos Marra et Emanuel arrivèrent. Forel et Júlio se mirent debout d'un bond, chacun avec son pain à la main.

– Ah, vous avez acheté à manger, parfait. On meurt de faim, Emanuel et moi. On vient seulement de quitter les militaires, dit le commissaire pendant qu'Emanuel leur préparait des sandwichs. Et notre ami de la cellule, il va comment ?

– Il y est toujours, commissaire. Toujours pareil.

Carlos Marra s'assit dans son fauteuil, but une gorgée de café et entama son pain au fromage. Júlio avait terriblement envie de lui demander qui avait fait cette chose affreuse à Lourival. Mais il avait peur de le mettre en colère. Muet, debout dans un coin de la pièce, il buvait son soda quand Marra parut deviner ce qu'il ressentait et pensait.

– Tu es nerveux, Julão ? demanda-t-il de sa voix grave et calme.

– Moi ? Non.

– Tu es bien silencieux. Tu n'as pas dit un mot depuis que je suis rentré. Qu'est-ce qui se passe ?

– Rien, commissaire.

– Parle, gamin ! ordonna Marra, haussant un peu le ton.

Júlio se décida à dire ce qui le tracassait.

– Commissaire, quand je suis parti d'ici hier soir, le prisonnier était vivant. Et en revenant ce matin, je l'ai trouvé mort.

– Et alors ?

– Rien. Je me demande juste comment c'est arrivé.

– Il s'est pendu, Julão. Il avait tellement peur d'être mis en prison pour avoir aidé les communistes qu'il a préféré se tuer.

Júlio savait que le commissaire mentait. Mais il ne voulut pas l'énerver en posant d'autres questions. Il fit semblant de croire à la version du suicide. La femme et le fils de Lourival arrivèrent peu après le retour de Marra. L'adolescent tenait une casserole enveloppée d'un torchon grisâtre. La femme était trapue et mesurait environ un mètre cinquante. Elle avait un visage rond, des lèvres fines et des petits yeux. Un fichu était attaché autour de sa tête. En la voyant entrer avec son fils, Júlio quitta le commissariat, les yeux baissés. Une fois dehors, il se retourna et la vit dire qu'elle voulait parler à son mari et qu'il n'était pas question qu'elle attende un jour de plus. Marra répondit qu'un drame avait eu lieu : Lourival s'était suicidé. Júlio entendit la femme hurler, folle de désespoir :

– Vous avez tué mon mari ! Assassins ! Assassins !

Carlos Marra, sans modifier sa voix, réprimanda la femme en disant qu'elle pouvait être arrêtée pour outrage aux autorités et que, s'il ne l'arrêtait pas, c'était uniquement parce qu'il comprenait sa douleur. Júlio se sentait un peu soulagé de ne pas être dans le commissariat. Il n'aurait pas supporté d'être traité d'assassin par la veuve du batelier.

Elle insista pour voir le corps de son mari. Marra répondit que ça n'allait pas être possible.

– Seulement après l'expertise, dit-il.

Assis dehors sur la terre battue, Júlio entendait tout. Il savait pourquoi le commissaire ne voulait pas laisser les proches du mort accéder à la cellule. N'importe qui, en voyant ce corps massacré pendu à une poutre et les mains liées dans le dos, aurait compris qu'il y avait eu homicide. Après dix minutes de dispute avec le commissaire, la veuve et le fils de Lourival repartirent. La femme sanglotait et hurlait contre l'épaule du garçon, qui semblait plus grand qu'elle d'une quinzaine de centimètres.

La nouvelle de la mort de Lourival Moura se répandit dans Xambioá. On disait en ville que le batelier avait été tué par Carlos Marra et sa bande. Le commissaire ne parut pas attacher d'importance à ces rumeurs. Au contraire. Le soir même, il envoya Forel au Viêtnam raconter à tout le monde que oui, Lourival avait été tué par les militaires, et avec une extrême cruauté. Pour montrer jusqu'où ses amis et lui pouvaient aller dans la barbarie, Forel donnait des détails sur la mort du batelier. Il dit par exemple qu'avant de pendre Lourival, ils lui avaient arraché, avec une pince, tous les ongles des mains – ce que Júlio n'avait pas remarqué. Le même traitement, mort comprise, serait réservé à tous ceux qui collaboraient avec les communistes ou même omettaient de fournir aux militaires des renseignements pouvant mener à la capture des rebelles. La version des faits que Marra présenta en public était très différente. Motif du suicide de Lourival : la peur d'être condamné à faire de la prison pour avoir aidé les guérilleros.

– Lourival passait son temps à répéter qu'il préférait mourir plutôt que de finir dans un pénitencier, disait le commissaire.

Júlio repenserait toute la nuit à la mort du batelier. Comment Marra, Forel et Emanuel avaient-ils pu être aussi cruels et violents ? Ces hommes avec lesquels il s'était habitué à passer de longues journées à quadriller la jungle, à discuter, à manger et à dormir, étaient capables de tuer un homme et, pire encore, de ne montrer aucun remords. Il avait ressenti le poids de la honte après avoir ôté une vie humaine neuf mois plus tôt, mais il sentait bien que la culpabilité n'en finirait jamais de tourmenter son âme. Ce soir-là, avant de fermer les yeux, il implora Dieu de le tirer de cet enfer. Il n'en pouvait plus de voir autant d'horreurs et de violence. Il voulait retrouver la sérénité de son village sur les berges du Tocantins, à Porto Franco. Il était loin de se douter qu'il n'était plus qu'à trois semaines à peine de son deuxième assassinat.

Maria Lúcia Petit da Silva était une jeune femme de vingt-deux ans d'un mètre soixante-deux pour quarante-cinq kilos environ, avec des cheveux lisses châtains à hauteur d'épaules. Elle avait un nez effilé et des yeux noirs qui louchaient légèrement. Institutrice diplômée, elle enseignait à l'école primaire Aviador Frederico Gustavo dos Santos, dans l'État de São Paulo. Fin 1969, elle avait adhéré au PCdoB. À sa famille et à ses amis, elle disait que son plus grand rêve était d'aider à l'éducation des enfants du Brésil profond. Elle fit savoir au PCdoB qu'elle était volontaire pour travailler sur le terrain et fut rapidement choisie pour aller dans l'intérieur de l'État du Goiás. Elle était heureuse.

C'était exactement ce qu'elle voulait. En janvier 1970, elle partit dans le sud du Pará, et, de là, dans l'Araguaia, où elle participait au travail social mené par la guérilla sur le terrain.

Elle passait la majeure partie de son temps à apprendre à lire et à écrire à des enfants de paysans et à discuter avec les adolescents et les adultes, à qui elle parlait des raisons de la guérilla. Elle répétait sans cesse qu'il s'agissait d'un combat pour l'égalité sociale au Brésil. Elle avait l'habitude de dire qu'il était inacceptable de vivre dans un pays où si peu de gens avaient autant et où autant de gens avaient si peu. Invariablement, ses leçons et ses discours étaient émaillés de mots gentils. Elle était toujours de bonne humeur et très attachée aux enfants de la région. C'est ainsi qu'elle avait conquis l'amitié et le respect de tous dans les villages de l'Araguaia où elle travaillait. Il n'était pas rare qu'on lui propose d'être la marraine de tel ou tel nouveau-né. Quelques jours avant sa mort, Maria Lúcia reçut une invitation de ce type. Un agriculteur que tout le monde appelait João Cocoió voulait qu'elle participe au baptême de son bébé de deux mois. Elle accepta sans se douter que cet homme allait la livrer à l'armée.

On était au début de juin 1972. Les militaires exerçaient toutes sortes de pressions pour que les habitants de l'Araguaia les aident à capturer des communistes. La violence était un des mécanismes auxquels l'armée avait le plus souvent recours pour les obliger à lui signaler les guérilleros présents dans la région. Les soldats tuaient leurs animaux domestiques – chevaux, bœufs, poules –, tabassaient qui bon leur semblait et allaient jusqu'à mettre le feu aux champs et aux maisons des paysans. João Cocoió, un homme d'une quarantaine d'années, marié et père de trois enfants – dont le nourrisson censé devenir le filleul de Maria Lúcia –, avait eu droit à ce type d'avertissement, quand sa plantation de manioc avait été incendiée par une demi-douzaine de soldats. Il avait peur de mettre sa famille en péril et, pour que les militaires le laissent en paix, avait décidé de dénoncer la présence du groupe dont faisait partie Maria Lúcia près d'un lieu connu sous le nom de Pau Preto, dans le sud du Pará.

Comme ils ne pouvaient pas se montrer en ville, où ils couraient le risque d'être reconnus, donc arrêtés, les guérilleros avaient l'habitude de demander à des paysans d'acheter des vivres, du tabac et des munitions pour le mouvement rebelle. Cocoió venait d'être chargé par eux d'aller à Xambioá, d'où il devrait rapporter des cigarettes, des haricots, du riz, du café et des cartouches pour les communistes. À peine arrivé en ville, avant même de faire ses achats, l'agriculteur alla au commissariat et raconta tout à Carlos Marra. Debout dans un coin de la salle, Júlio entendit la conversation. Cocoió ne parla pas plus de dix minutes. L'information à laquelle le commissaire semblait accorder le plus de valeur – la localisation du camp révolutionnaire –, Cocoió ne l'avait pas. Mais Marra se pencha en avant dans son fauteuil et planta les coudes sur la table en entendant l'agriculteur ajouter qu'il savait où seraient trois de ces guérilleros le 16 juin au matin.

– Je suis venu en ville acheter des choses qu'ils m'ont demandées, déclara Cocoió, assis face au commissaire, en agitant nerveusement les genoux. Ils doivent venir chercher tout ça chez moi vendredi matin.

– Tu sais comment ils s'appellent ? demanda Marra.

– Cazuza, Mundico et Maria.

Cazuza était le nom de code du Pernamboucain Miguel Pereira, vingt-neuf ans, qui allait mourir dans l'Araguaia en septembre 1972, et Mundico celui du Bahianais Rosalindo Souza, trente-trois ans, tué un an plus tard, lui aussi dans la guérilla. Maria Lúcia, Cazuza et Mundico faisaient partie d'un détachement communiste basé dans le secteur de Pau Preto, à trois ou quatre kilomètres de la ferme de João Cocoió.

– Excellent, dit Carlos Marra.

Et il ajouta :

– Écoute, tu vas faire ce que tu es venu faire ici. Comporte-toi comme si je ne savais rien. Ne change rien à ce que tu as prévu avec les communistes.

– D'accord, commissaire.

– Si on arrive à attraper ces trois-là, je te promets que tu seras bien récompensé.

Quand l'agriculteur fut reparti, Marra agita la main droite pour faire signe à Júlio d'approcher.

– Suis ce type, Julão, ordonna-t-il. Je veux savoir tout ce qu'il fera en ville.

– Oui, monsieur.

– Sois vigilant. J'ai besoin de savoir tout ce que cet homme va faire ici. Vraiment tout. S'il s'arrête pour cracher, tu devras me le raconter. Compris ?

– Compris, commissaire. Vous pouvez être tranquille. Mais il faut que j'y aille tout de suite, avant qu'il disparaisse.

Júlio quitta le poste d'un pas pressé, juste à temps pour voir Cocoió tourner au coin de la rue.

Sa tâche se révéla plus facile qu'il ne s'y attendait. D'abord, l'agriculteur entra dans une épicerie. Júlio l'observait à distance, entre les produits en désordre sur les étagères. Il vit l'homme ressortir avec un sac en grosse toile plein de haricots, de riz, de café et de cinq ou six paquets de cigarettes. De là, Cocoió mit le cap sur une des deux boutiques qui vendaient des armes à Xambioá. C'était une échoppe minuscule de huit mètres carrés au maximum. Il n'y avait là aucune allée, aucun rayon pour aider Júlio à se cacher de l'homme qu'il filait. Juste un comptoir derrière lequel un vieillard à cheveux blancs – qui aurait pu être le père de son père – servait les clients, et toutes sortes d'armes et de munitions sur une série d'étagères murales derrière lui. Personne n'avait le droit de passer derrière ce comptoir. Assis sur la terre battue qui bouillait sous le soleil de plomb, Júlio était dissimulé derrière une jeep de l'armée stationnée à moins de dix mètres de l'armurerie.

Il le suivit jusqu'à ce que Cocoió quitte la ville sur un cheval bai et entre dans la forêt. Moins de dix minutes plus tard, Júlio était de retour à l'armurerie. Une rapide conversation avec le vendeur aux cheveux blancs lui apprit que l'agriculteur avait acheté deux boîtes de cartouches pour une carabine de calibre .12 et trois autres pour un revolver de calibre .38. Il retourna au poste avec le sentiment d'avoir fait du bon travail. Il pourrait même raconter au commissaire que Cocoió s'était arrêté au bar d'Alberto pour commander une bière. Mais il n'avait pas fini la bouteille. Il avait bu deux verres pleins à ras bord en vitesse et il était reparti. Carlos Marra le féliciterait sûrement. Ce fut ce qui arriva.

– Très bien, Julão. Tu t'améliores de jour en jour, dit le commissaire après avoir entendu son rapport minutieux.

Le surlendemain, Marra, Júlio et trois militaires arrivèrent à la ferme de João Cocoió après une marche en forêt de près de quatre heures. Forel avait lui aussi été désigné par le commissaire pour participer à cette opération commandée par l'armée, mais il avait contracté la leishmaniose et était cloué au lit par une forte fièvre et des plaies aux jambes. Dans la maison de Cocoió, faite de planches et d'un toit de chaume, il n'y avait aucun meuble. Juste cinq hamacs, un fourneau à bois, une demi-douzaine de tabourets en bois que l'agriculteur avait fabriqués lui-même. Sa femme et ses enfants n'étaient pas là. Conscient que le risque de confrontation avec échange de tirs entre les militaires et les communistes était grand, l'agriculteur les avait envoyés chez sa belle-mère, à Pau Preto. Ce soir-là, pendant que tout le monde dînait de riz au poulet grillé, Cocoió demanda qu'on le laisse partir. Il ne voulait pas assister à la capture des guérilleros. L'homme qui paraissait être le chef des militaires répondit que sa demande ne lui posait pas de problème. Mais Carlos Marra exigea que l'agriculteur soit présent.

– Sois un homme, Cocoió, lui lança-t-il, assis sur son tabouret, une assiette sur les genoux et le ventre à l'air.

– J'en suis un, commissaire. C'est juste que je préférerais ne pas être là quand l'enfer commencera.

– Alors tu as trop attendu pour partir, dit Marra, la bouche pleine de riz. L'enfer a déjà commencé depuis longtemps. Et ne va pas disparaître en pleine nuit, hein ? On aura peut-être besoin de toi ici demain.

Le 16 juin au matin, Júlio se réveilla quand Carlos Marra secoua le hamac dans lequel il dormait. Il ouvrit les yeux et vit que le jour n'était pas encore levé. Le commissaire voulait que tout le monde soit debout le plus tôt possible. Quand les premiers rayons du soleil commencèrent à éclairer la jungle, Júlio, Marra, les trois militaires et Cocoió étaient déjà assis sur un tronc d'arbre à côté de la maison. Tous armés, sauf l'agriculteur. Les soldats avaient des fusils d'assaut de .7,62 à usage exclusivement militaire comme Júlio n'en avait jamais vu. Mais il était satisfait de sa carabine. Marra portait à la ceinture le revolver dont il ne se séparait jamais, même quand il allait s'amuser au Viêtnam. Leur plan était de capturer, vivants, les trois communistes censés venir chez Cocoió ce matin-là pour récupérer les marchandises qu'il avait achetées à Xambioá. Júlio fut content d'apprendre qu'il ne devrait tuer personne. En même temps, il craignait d'être témoin de nouvelles tortures, comme cela était arrivé après la capture de José Genoino, deux mois plus tôt.

Le groupe se mit en embuscade dans les fourrés pour attendre les guérilleros. Avec leur uniforme vert foncé, les militaires semblaient se fondre dans la jungle. Júlio gardait l'espoir d'avoir une tenue comme celle-là. Surtout les godillots. Il admirait la chemise épaisse à manches longues du soldat posté à côté de lui quand il repéra trois personnes en mouvement à une quarantaine de mètres de distance. Il lança une brindille dans le dos de Carlos Marra, qui était à cinq mètres sur sa droite, et lui montra la position des communistes. Le commissaire avait été très clair : en cas de fusillade, les militaires ouvriraient le feu. Júlio ne pourrait tirer qu'après. Par précaution, il pointa tout de même sa carabine sur un des guérilleros. Il commençait à apprécier ce genre de boulot. Savoir qu'il tenait la vie d'un homme entre ses mains lui donnait une étrange sensation de puissance. Il suffisait qu'il appuie sur la détente pour que le malheureux meure. Mais il ne le ferait pas. Il avait promis à Dieu de ne plus jamais prendre la vie de personne.

Ses pensées furent interrompues par une série de détonations qui le fit sursauter. Les balles de 7,62 transpercèrent la forêt. L'écho des coups de feu roula à travers la jungle. Júlio vit les trois guérilleros se replier en courant vers les fourrés, à l'opposé de la ferme de Cocoió. Il remarqua que le plus petit des communistes était touché et se déplaçait avec difficulté, en boitant de la jambe droite. Les deux autres, qui avaient pris un peu d'avance, revinrent l'aider. Les militaires tiraient toujours. Les arbres, dont le tronc mesurait quelquefois deux ou trois mètres de diamètre, aidaient les rebelles à se protéger des balles. Les deux guérilleros indemnes se mirent à tirer en direction des militaires. L'un d'eux prit le blessé par la taille et lui passa le bras gauche autour des épaules pour l'aider à courir pendant que l'autre continuait à tirer.

Júlio était paniqué. Jamais son cœur n'avait battu aussi vite. Il avait la sensation nette qu'une de ces balles pouvait l'atteindre à tout moment. C'était la première fois qu'il se retrouvait au milieu d'une fusillade de ce genre. Marra le regarda et cria quelque chose qu'il n'entendit pas bien. Le commissaire répéta, criant encore plus fort :

– Descends-en un ! Au moins un !

Sans savoir pourquoi, Júlio décida qu'il valait mieux descendre le communiste déjà touché. Il s'agenouilla sur le tapis de feuilles et fit comme il le faisait toujours au moment de tirer. Il plaça le genou gauche au sol et le coude en appui sur la cuisse opposée. Il ferma l'œil gauche et visa l'épaule droite du blessé. Il se souvint du jour où il avait tiré sur José Genoino. La scène était identique. Les branches qui gênaient sa vision, le rebelle qui essayait de fuir, son cœur à toute vitesse, sa respiration saccadée. La pression de l'impossibilité d'échouer. Il aimait ça. Il attendit l'instant parfait et fit feu. Avant même que la balle ait atteint sa cible, il sut qu'un drame allait se produire.

À cause de sa blessure à la jambe droite, le communiste blessé se pencha du côté droit et fléchit légèrement les genoux. Ces mouvements firent que la balle, qui aurait dû se ficher dans son épaule droite, le frappa à la tête, du côté gauche. Le corps tomba et resta par terre, sans bouger. Júlio savait ce qui s'était passé. Il ne voulut pas croire qu'il venait à nouveau de tuer quelqu'un. L'angoisse et le chagrin qu'il avait ressentis le jour de l'assassinat d'Amarelo allaient revenir tourmenter son âme. Ce n'était même pas la peine de s'approcher. Il savait qu'il avait tué le guérillero. Il en était certain. Pendant qu'il commençait à l'instant même, au milieu de la forêt, à réciter les dix *Je vous salue Marie* et les vingt *Notre Père* qui, croyait-il, lui apporteraient le pardon divin, il vit les deux autres rebelles décamper. Marra et les trois militaires se dirigèrent vers le corps écroulé. Júlio resta cloué sur place, agenouillé, serrant sa carabine avec une force qu'il ignorait posséder et priant avec une ferveur elle aussi insoupçonnée.

Il priait toujours quand le commissaire l'appela de loin. À contrecœur, il rejoignit les autres à l'endroit où était tombé le corps. La terre, sous la nuque de sa victime, était gorgée de sang. En s'approchant, il entendit un des militaires dire : "C'est une femme." Júlio se sentit encore plus coupable. Pour une raison qu'il ne connaissait pas lui-même, il croyait que tuer une femme était pire que supprimer la vie d'un homme. La guérillera morte avait un visage serein. Ses yeux étaient ouverts. Ses traits fins et ses cheveux mi-longs la faisaient paraître encore plus jeune que ses vingt-deux ans. Elle portait un jean gris et une chemise à manches longues, de couleur bleue.

– Il ne fallait pas la tuer, Julão, dit Carlos Marra en appuyant sur les mots, mais sans élever la voix. Je t'ai dit qu'il ne fallait tuer personne.

– Je sais, commissaire. Je ne voulais pas la tuer. Mais quand j'ai tiré, elle s'est penchée et la balle l'a touchée à la tête.

– Ce n'est pas grave, intervint un des militaires, celui que Carlos Marra appelait "lieutenant". Ça pourrait même être une bonne chose, ça montrera à ces communistes qu'on n'est pas là pour plaisanter. Soit ils arrêtent leur révolution, soit ils y passeront un par un.

Júlio eut peur de cet homme aux mots durs. Marra lui ordonna de transporter le cadavre jusqu'à la maison de Cocoió avec un autre soldat. Júlio attrapa la guérillera par les chevilles, pendant que le jeune soldat la soulevait par les poignets. Il sentit une angoisse lancinante quand il toucha la peau de la jeune femme, dont les yeux ouverts paraissaient le toiser, presque le condamner pour ce qu'il venait de faire. À cet instant, Júlio se rappela le jour d'août 1971 où il avait tué Amarelo. Lui aussi était resté les yeux ouverts une fois mort. Porter le corps sans vie de Maria Lúcia le troublait terriblement. Une sueur froide lui couvrait les paumes. Jamais il n'avait passé autant de temps au contact d'un cadavre.

Il eut envie de vomir. Il voulait s'en débarrasser le plus vite possible. Ils marchèrent environ trois cents mètres au milieu de la jungle pour atteindre la maison de Cocoió. Deux soldats restèrent sur place avec le corps. Marra, Júlio et le lieutenant repartirent à Xambioá. Ils arrivèrent en ville vers 14 heures et se rendirent directement à la base de l'armée, où le lieutenant envoya un hélicoptère chercher ses deux hommes et la morte. Pendant tout le trajet de retour, Júlio n'avait rien dit. Son cœur était serré. Il éprouvait la même nausée, le même malaise qu'après le meurtre d'Amarelo. Il n'avait touché ni au riz ni à la viande sèche donnés par Cocoió pour déjeuner en chemin.

À peine l'hélicoptère de la FAB avait-il décollé que Carlos Marra et Júlio retournèrent au poste de police. Là, le jeune homme entendit le commissaire lui dire qu'il comprenait pourquoi il était aussi silencieux et de mauvaise humeur.

Personne ne pouvait se sentir content d'avoir tué une jeune femme. Mais ça faisait partie du travail. Leur mission était de liquider la guérilla, et Júlio se révélait de plus en plus important pour le succès de l'opération. La conversation dura entre vingt et trente minutes. Le jeune homme ressortit du commissariat moins abattu. Il était presque persuadé d'avoir fait ce qu'il fallait faire. Contrairement à ce qui s'était passé pour la mort d'Amarelo, il avait agi pour le compte de l'armée, au milieu d'une guerre. Ça n'avait rien à voir avec le fait de tuer un homme pour une poignée de billets et quelques kilos de riz et de haricots secs. Il tentait de s'en persuader quand il vit l'hélicoptère de la FAB crever les nuages, de retour de la jungle. Il savait que le corps de la jeune femme qu'il avait tuée quelques heures plus tôt était à bord. À cet instant précis, il se rendit compte qu'il ne connaissait même pas son nom. En même temps, il se dit qu'il valait mieux ne pas le connaître. Cela ferait un nom en moins pour lui tourmenter l'âme. Il regagna sa pension après un passage par la boulangerie, où il s'acheta deux bouteilles de Coca, quatre petits pains et deux cents grammes de fromage au cas où il aurait un creux plus tard. Il n'avait qu'une envie, s'allonger et dormir pour oublier l'enfer qu'il venait de vivre.

Pendant presque vingt ans, le corps de la guérillera tuée par Júlio dans l'Araguaia resta enterré et oublié au cimetière de Xambioá, dans le Tocantins. Il ne serait exhumé qu'en avril 1991, quand une délégation de proches des morts et des disparus de la guérilla, de membres de la commission Justice et Paix de l'archidiocèse de São Paulo et d'experts de l'université d'État de Campinas (Unicamp) se rendit sur place pour tirer le cadavre de la jeune femme de la fosse où il avait été jeté. Enterré sans cercueil, il était enveloppé dans une toile de parachute de la FAB. Les spécialistes de l'Unicamp, sous les ordres du médecin légiste Badan Palhares, à l'époque directeur du département de médecine légale de l'université, récupérèrent quelques vestiges des vêtements, chaussures et accessoires que Maria Lúcia portait au moment de sa capture. La douille de calibre .20 rangée dans la poche arrière de son jean fut retrouvée intacte.

Une des personnes qui eurent accès à ces informations était Laura Petit. De trois ans plus âgée que Maria Lúcia, la benjamine de la fratrie, Laura s'était donné pour mission de découvrir ce qu'était devenue sa sœur, que les militaires continuaient de désigner comme "disparue" dans leurs rapports officiels – comme les autres rebelles tués pendant la guérilla. En apprenant que le corps de sa sœur avait été retiré de terre, emballé comme un animal dans une bâche en nylon, Laura ne put s'empêcher de penser que ses deux frères, Jaime et Lúcio, avaient peut-être connu le même sort. Tous deux avaient aussi participé à la Guérilla de l'Araguaia. Tous deux étaient aussi morts dans les forêts de la région lors de confrontations avec l'armée : Jaime en décembre 1973, à vingt-huit ans, et Lúcio en avril 1974, à trente ans. À ce jour, Laura Petit n'est parvenue à récupérer que la dépouille de Maria Lúcia – on ignore où ont été enterrés Jaime et Lúcio.

L'exhumation n'était qu'un premier pas vers l'identification du corps de Maria Lúcia Petit da Silva. À São Paulo, Laura Petit était décidée à consacrer autant de temps et d'efforts qu'il le faudrait pour savoir si les restes mortels exhumés du cimetière de Xambioá par les experts de l'Unicamp appartenaient vraiment à sa sœur. Le processus allait être beaucoup plus long et beaucoup plus douloureux que ne l'imaginait Laura. Cinq ans durant, elle se partagea entre son métier d'enseignante et les actions qu'elle jugeait indispensables pour savoir si ces ossements étaient ceux de sa sœur. Elle se rendit d'innombrables fois à l'Unicamp dans l'espoir de parler à Badan Palhares et de le pousser à accélérer l'élucidation du cas. Un jour, elle s'assit à 15 heures dans une salle d'attente du département de médecine légale de l'université, où elle patienta jusqu'à 22 heures. Elle finit par rentrer chez elle sans même avoir vu le légiste.

Les mois et les années passaient, mais les ossements de Maria Lúcia Petit da Silva restaient oubliés, rangés dans des sacs en plastique, sur une étagère de la chambre froide de l'Unicamp. Une information fondamentale pour l'identification des restes mortels de la guérillera fut obtenue grâce aux efforts de Laura Petit. Fin avril 1991, elle entra en contact avec le dentiste Jorge Tanaka, qui avait soigné Maria Lúcia peu de temps avant son départ pour l'Araguaia. Autorisé par l'Unicamp à analyser l'empreinte dentaire du crâne exhumé à Xambioá, le praticien certifia qu'il s'agissait de Maria Lúcia Petit. Mais son analyse devait encore être confirmée par Badan Palhares et son équipe, ce qui ne se produirait que cinq ans plus tard.

Le matin du 15 mai 1996 – quasiment vingt-quatre ans après la mort de Maria Lúcia –, les experts de l'Unicamp annoncèrent, dans une salle de la faculté, les conclusions de l'étude des restes de la guérillera, exposés sur une table couverte d'une toile cirée bleue. Du côté gauche de la salle, plusieurs photos de Maria Lúcia, avant et après sa mort, étaient affichées sur un tableau de bois. Dans le public d'une trentaine de personnes, il y avait des journalistes, des photographes, des cameramen, des amis et des proches de Maria Lúcia. Laura Petit était assise au premier rang et tenait la main de sa mère, dona Julieta, qui n'avait jamais admis que la guérilla ait pu lui prendre trois enfants. À un peu plus de deux mètres d'elles, Badan Palhares présentait les ossements. L'expert à barbe grise portait une blouse blanche qui lui arrivait aux genoux. Il prenait des os sur la table et, d'une voix ferme et mesurée, expliquait qu'ils faisaient bien partie du squelette de Maria Lúcia Petit da Silva. Le crâne de la jeune femme à la main, Palhares montra, à l'aide d'une espèce de tuyau blanc, l'endroit où la balle fatale l'avait atteinte. Laura sentit sa mère lui presser la main. Elle la regarda et s'aperçut que dona Julieta pleurait à chaudes larmes en silence. Le rapport de trente pages – dont quatorze de photos – présenté par le médecin légiste disait :

"NOUS AVONS PU CONSTATER QUE CERTAINS DE CES OS SONT CARACTÉRISTIQUES D'UNE PERSONNE DE SEXE FÉMININ."

"LA DELICATESSE DE LA TÊTE DU FEMUR, COMME CELLE DE L'ANGLE NASO-FACIAL ET DU REBORD ORBITAIRE, SONT DES ÉLÉMENTS QUI NOUS CONDUISENT À PENSER QUE NOUS SOMMES EN PRÉSENCE D'UN SQUELETTE DE FEMME."

"LES PROTUBÉRANCES DES SEINS SONT BIEN VISIBLES."

Concernant les causes du décès de Maria Lúcia Petit, le document signalait que Maria Lúcia Petit avait été atteinte par deux balles : l'une à la cuisse droite, tirée par un fusil de .7,62, et l'autre à la tête, "entrée dans l'os pariétal gauche avec une trajectoire typique de projectile d'arme à feu, de bas en haut et d'arrière en avant" – la balle de Júlio Santana. Cette confirmation scientifique mit un point final à l'identification du premier corps de communiste tué pendant la Guérilla de l'Araguaia. À ce jour, Maria Lúcia Petit est l'unique membre du mouvement rebelle tué par les forces militaires dont le corps a été exhumé et formellement identifié – alors qu'on estime à une soixantaine le nombre de communistes tués pendant la guérilla. Dona Julieta Petit, à quatre-vingt-six ans, continue de pleurer la perte de sa benjamine et de deux de ses fils. Après la fermeture du dossier, les ossements de Maria Lúcia ont été rendus à la famille, qui les a enterrés au cimetière de Bauru, dans l'État de São Paulo. L'armée n'a jamais divulgué l'identité des auteurs des tirs qui ont tué la jeune communiste en ce matin du 16 juin 1972. Júlio Santana n'a jamais su comment s'appelait la victime de son deuxième homicide. Aujourd'hui encore, il dit que c'est mieux comme ça. Que cela fait un nom en moins pour tourmenter son âme.

Exactement une semaine après avoir tué Maria Lúcia Petit, Júlio Santana atteignait dix-huit ans. En ce vendredi 23 juin 1972, il se réveilla avant le lever du jour. Depuis l'assassinat de la jeune guérillera, il n'arrivait plus à bien dormir. Chaque nuit, sans exception, il revoyait le cadavre de Maria Lúcia dans ses cauchemars, toujours les yeux ouverts et fixés sur lui. Il sentait encore la peau lisse et tiède de ses chevilles au creux de ses paumes quand il avait aidé à la transporter du lieu de l'assassinat à la maison de l'agriculteur Cocoió. Il ne supportait plus de s'endormir et de se réveiller à Xambioá. Il voulait rentrer dès que possible à Porto Franco. Ça ne serait plus long. Son oncle, Cícero Santana, avait promis de venir le chercher ce matin-là à la pension et, juste après, de le ramener chez ses parents. Quitter cet enfer le jour de son anniversaire serait le plus beau cadeau qu'il ait reçu de sa vie.

Les heures passaient, et Cícero n'arrivait pas. Ce ne serait pas la première fois que son oncle manquerait à sa parole. Plusieurs fois, Carlos Marra lui avait dit que Cícero avait téléphoné pour dire qu'il viendrait le voir à Xambioá. Et l'attente des retrouvailles avait toujours été vaine. Allongé sur son lit, Júlio finit par avoir faim. Il n'était pas disposé à attendre son oncle, sachant qu'il risquait de lui faire faux bond. Il décida de sortir prendre son petit-déjeuner seul. Il était au comptoir de la boulangerie, en train de manger un sandwich au fromage et de boire un Coca-Cola, quand une jeep de l'armée s'arrêta devant. Son oncle et le commissaire Carlos Marra en descendirent. Cícero le salua joyeusement, avec une forte embrassade et des tapes dans le dos, et se déclara très fier de l'excellent travail qu'il avait fait dans l'Araguaia sous les ordres de Marra. Júlio reçut, des mains du commissaire, une enveloppe jaunâtre. Il n'eut pas besoin de l'ouvrir pour savoir qu'elle contenait sa paye de la semaine : 100 cruzeiros. Tous les vendredis, Marra lui versait le salaire de cinq journées de travail. Júlio avait la certitude qu'il ne toucherait plus jamais autant d'argent en une fois – la période de travail pour l'armée lui rapporta 1 200 cruzeiros : un peu plus de cinq salaires minimums de l'époque, lequel s'élevait à 225 cruzeiros.

– Et j'ai autre chose pour toi, dit le commissaire en lui tendant un sac en plastique noir.

– Qu'est-ce qu'il y a là-dedans ? demanda Júlio.

– Tu n'as qu'à l'ouvrir, gamin.

Júlio ne put ravaler son rire en découvrant un uniforme de l'armée de terre, avec la chemise de grosse toile à manches longues, une casquette vert olive et les godillots dont il rêvait tellement. Il avait hâte de voir quelle allure il aurait dans cette tenue et avec ces bottes noires.

– Il est tout neuf, dit Marra. Je suis passé le prendre à l'entrepôt juste avant de venir. Ton oncle m'a dit que c'était ton anniversaire, et j'ai voulu te faire ce cadeau.

– Merci, commissaire. Merci beaucoup.

– Il n'y a pas de quoi, Julão. Tu l'as mérité. Tu as fait du très bon travail. D'ailleurs, si tu as envie de rester ici et de continuer à travailler avec moi…

– Non, commissaire. Merci beaucoup, mais je préfère rentrer chez moi. Je veux revoir mes parents, mes frères, ma maison. Et je suis fatigué de toute cette tension qu'il y a ici, dit Júlio en regardant son oncle.

– Tu as raison. Mais si tu changes d'avis ou si, un jour, tu passes par Ximbioá, viens me voir. Ton oncle est un de mes grands amis, et maintenant toi aussi.

Ils s'embarquèrent tous dans la jeep et mirent le cap sur le commissariat. Pendant le trajet, Júlio trouva que les véhicules militaires et les hommes en uniforme qui circulaient dans les rues étaient encore beaucoup plus nombreux que quand il était arrivé à Xambioá exactement deux mois et vingt-cinq jours plus tôt, le 28 mars. Les incidents, les meurtres et les tortures allaient continuer à augmenter dans le coin. Mais ça ne changerait rien pour lui. Il serait bientôt loin de cet enfer. Devant le poste, Carlos Marra sauta à terre et dit au revoir à Cícero et à Júlio. Eux poursuivirent leur voyage, dans la même voiture, jusqu'à la ville de Tocantinópolis, sur le Rio Tocantins, qui marque la frontière entre les États du Tocantins et du Maranhão. Porto Franco, la ville natale de Júlio, se trouve sur l'autre rive, face à Tocantinópolis. Pour effectuer les quelque cent cinquante kilomètres de trajet qui séparent Xambioá de Tocantinópolis, la jeep de l'armée mit environ cinq heures à cause de l'état lamentable des routes – à l'époque de simples pistes – qui reliaient les deux villes.

À Tocantinópolis, Júlio revit, pour la première fois depuis près de trois mois, les eaux boueuses du Rio Tocantins et, sur l'autre rive, la région où il avait grandi. Il se sentait heureux. Soulagé. Il voulait effacer pour toujours de sa mémoire tout ce qu'il avait vu et fait dans l'Araguaia. Il avait même déjà demandé à son oncle Cícero de ne raconter à personne, et surtout pas à ses parents, qu'il avait participé à la capture du guérillero Geraldo – il ne connaissait José Genoino que sous ce nom-là – puis à l'assassinat d'une jeune femme dont il ne voulut jamais savoir comment elle s'appelait. Pour le reste de la famille et ses amis, la version à raconter serait que son travail pendant la Guérilla de l'Araguaia s'était limité à guider des soldats dans la jungle. Rien de plus.

Ils traversèrent le fleuve sur une pirogue qui faisait la navette entre les rives. Il leur fallut encore une heure de marche en forêt pour arriver en vue de la maison de seu Jorge et de dona Marina, les parents de Júlio. D'après la position du soleil et des ombres des arbres sur le fleuve, il estima qu'il devait être 17 heures. Il se rappela que son oncle portait une montre au poignet gauche et lui demanda de vérifier. Il était 16h40. Il s'était trompé d'à peine vingt minutes. Il en fut fier. Ça faisait du bien de retrouver son univers. Libéré de l'angoissante obligation d'être toujours à l'affût d'une présence communiste, il pouvait admirer les arbres hauts de quarante mètres et la faune dense de la jungle. Sur le sentier, il vit un paresseux, un groupe de singes et un énorme toucan. À une centaine de mètres de chez lui, il repéra sa mère, assise sur une souche au bord du fleuve. Dona Marina était en train d'écailler le tucunaré* qui serait servi au dîner. Depuis quatre-vingt-cinq jours, elle n'avait plus aucune nouvelle de Júlio. Elle pleurait une nuit sur deux, inquiète pour ce fils parti au loin pour la première fois. Et elle priait sans arrêt.

Le premier à apercevoir Cícero et Júlio fut le benjamin de la fratrie, Paulo.

– Mère, mère ! cria-t-il. Júlio est rentré ! Júlio est rentré !

Dona Marina regarda en arrière et vit les deux hommes émerger de la forêt. Elle laissa tomber son poisson dans la bassine en fer-blanc, se lava les mains dans l'eau du fleuve, les essuya sur le bermuda qu'elle portait et courut vers Júlio, qui continuait d'avancer sans se presser. Après le baiser tendre et l'étroite embrassade de sa mère, il se sentit protégé. Il était enfin libéré de l'enfer qu'avait été sa vie à Xambioá. Il tenta de se contenir mais n'y arriva pas. Il pleura copieusement, le visage enfoui au creux de l'épaule de sa mère. Il tenta en vain de ravaler ses sanglots en serrant les dents avec force. Il pleura tellement qu'il se sentit faible. En découvrant son fils dans cet état, dona Marina s'affola. Elle ne l'avait jamais vu comme ça.

– Qu'est-ce qui s'est passé, Cícero ? cria-t-elle. Qu'est-ce que vous avez fait à mon garçon, tes amis et toi ?

– Rien du tout, Marina. Je crois que Julão est juste heureux de rentrer à la maison.

– Je connais mon fils. Il s'est passé quelque chose de très grave pour qu'il soit comme ça. Mais venez, entrons. Plus

---

* Poisson amazonien d'une cinquantaine de centimètres.

tard, il faudra me raconter tout ça, dit dona Marina en les conduisant à l'intérieur de la maison.

Le père de Júlio et son frère Pedro, qui avait maintenant quinze ans, étaient partis à la pêche. Pendant que dona Marina allait chercher le tucunaré au bord du fleuve, Cícero en profita pour sermonner Júlio, en rappelant qu'il avait lui-même demandé de ne rien dire de ce qui s'était passé dans les forêts de l'Araguaia. Si c'était vraiment ce qu'il voulait, il avait intérêt à se retenir et à arrêter de chialer. Il devrait dire à ses parents qu'il avait pleuré à cause de l'émotion des retrouvailles après tout ce temps passé au loin et qu'il n'avait eu aucun problème pendant son temps au service de l'armée. Son uniforme et ses godillots étaient là pour prouver que les militaires l'avaient bien traité. Júlio fut sensible à ce discours. Et il le répéta à ses parents au dîner ce soir-là. Avant le repas, dona Marina se dit heureuse de voir son fils de retour, qui plus est le jour de ses dix-huit ans. Tout le monde lui souhaita bon anniversaire en chantant et le couvrit de baisers et d'embrassades. Après le dîner, seu Jorge, dona Marina, Pedro et Paulo voulurent que Júlio leur raconte un peu ce qu'il avait vécu dans l'Araguaia. Il répondit qu'il était très fatigué et qu'il allait se coucher.

– Je vous dirai tout ce que vous voudrez demain, promit-il avant de s'installer dans son hamac.

Il dormit bien et tranquillement, ce qui ne lui était pas arrivé depuis presque trois mois. Même l'air semblait différent, plus pur. Allongé dans le hamac, qui se balançait doucement, il entendait le vacarme des animaux dans la forêt. Il regarda sur les côtés et vit ses frères, eux aussi en hamac, éclairés par la lanterne suspendue sous le toit de bois et de chaume. Il ressentait une paix immense. C'était bon de savoir que, le lendemain, il n'aurait ni à traquer des communistes ni à passer des heures à donner des coups de pelle sous un soleil de feu pour les militaires. Il ne serait plus obligé de voir des cadavres exposés en place publique ni des prisonniers torturés jusqu'à la mort. Et le plus important :

il n'aurait plus à tuer personne. Il était heureux. La dernière pensée qui lui vint avant de s'endormir fut que, dès son réveil, il prendrait la pirogue et irait voir Ritinha.

Le lendemain matin, juste après le petit-déjeuner, il monta dans l'embarcation et partit à la rame vers le hameau où vivait Ritinha. C'était un samedi chaud, sous un ciel dégagé, avec peu de nuages. Pendant qu'il pagayait, il se rappela le jour où il avait fait le même parcours pour perdre sa virginité dans les bras de Ritinha. Il était content de voir que rien n'avait changé à Porto Franco. La forêt, le fleuve, les villages étaient comme avant. Il croyait que Ritinha n'avait pas changé non plus. Elle devait être belle et mourir d'envie de le revoir. Tout en ramant, il pensait à sa peau brune, à ses grands yeux noirs, à ses lèvres pulpeuses et à ses jambes dodues. En arrivant au hameau, il amena sa pirogue sur la berge, s'assit par terre et balaya le hameau du regard. Aucune trace de Ritinha. Il était tellement impatient qu'il décida d'aller frapper à sa porte. Pendant qu'il marchait vers la maison, il vit son amoureuse en sortir main dans la main avec Odila, sa meilleure amie. Toutes les deux étaient en short et en t-shirt. Elles coururent jusqu'au fleuve et se jetèrent à l'eau pour échapper à la chaleur de ce matin étouffant.

Pendant qu'elles jouaient dans le fleuve, Júlio remonta dans sa pirogue et s'approcha d'elles lentement. Il pagayait la tête baissée, en cachant son visage sous la visière de la casquette militaire offerte la veille par le commissaire Marra. À une dizaine de mètres de Ritinha, il enleva sa casquette et redressa la tête.

– Salut, beauté, dit-il.

Júlio lut dans les yeux de Ritinha une expression étrange. Il était sûr qu'elle l'avait tout de suite reconnu. Et pourtant elle avait l'air effrayée, presque mal à l'aise de le voir là, à quelques mètres d'elle. Sa réaction n'avait rien avoir avec ce qu'il s'était imaginé. Dans ses rêves, leurs retrouvailles commençaient par beaucoup de baisers et de caresses. Mais elle le regardait comme si elle avait affaire à un inconnu.

Júlio continua d'approcher et vit Ritinha reprendre la main de son amie, comme si elle avait besoin de soutien pour lui faire face. Il n'y comprenait rien.

– Qu'est-ce qui t'arrive, Ritinha ? demanda-t-il. Tu n'as pas l'air ravie de me voir.

– Rien, rien, répondit-elle avec un sourire gêné, sans lâcher la main d'Odila.

– Je pensais que tu serais contente, après tout ce temps.

– C'est que…

– C'est que quoi ?

– Tu as disparu sans rien dire, Júlio. J'ai cru que tu m'avais quittée après avoir fait ce que tu voulais de moi.

– Tu t'es trompée, Ritinha. J'ai été obligé de partir. On m'a proposé un boulot, et je n'ai pas eu le temps de te prévenir. Mais maintenant je suis là.

Odila interrompit la conversation du couple d'une phrase qui laissa le jeune homme sonné :

– C'est trop tard, Júlio. Elle a un autre amoureux.

Ritinha, tête basse, regardait les eaux boueuses du Rio Tocantins. Júlio resta muet. Il ne savait plus quoi dire. Ni quoi penser. Si Ritinha avait effectivement un autre amoureux, il avait passé tout ce temps à penser à elle dans l'Araguaia pour rien. S'il avait su, il aurait plus profité des petites du Viêtnam. Il ne se serait pas autant reproché d'avoir passé quelques minutes au lit avec Cibele. Ritinha ne levait pas les yeux et ne disait toujours rien, ce qui exaspéra Júlio. Il se sentait trahi.

– C'est vrai ? interrogea-t-il. Tu t'es trouvé un autre amoureux ?

La réponse de Ritinha fut un timide hochement de tête. Júlio sentit une colère sourde lui serrer le cœur. Il eut envie de sauter de sa pirogue, d'empoigner l'adolescente par les bras et de la secouer de toutes ses forces. Mais il se retint.

– Je veux te l'entendre dire, Ritinha. Tu as un autre amoureux ?

– Oui, souffla-t-elle d'une voix presque inaudible.

– Et c'est qui, ce mec ?

– Tu ne le connais pas. Il n'est pas d'ici.

– Tu ne vaux rien. Mon oncle avait raison. Tu n'es bonne qu'à faire des cochonneries !

Ritinha restait silencieuse, les yeux baissés et la main dans celle de son amie. Le souffle accéléré, Júlio attrapa sa pagaie et gifla violemment l'eau avec, avant de se remettre à ramer vers son village. À une trentaine de mètres de son ex-amoureuse, il cria à pleins poumons :

– Ritinha, salope !!!

Ce fut la dernière fois qu'il la vit. Par la suite, il évita de passer devant le hameau où elle vivait. Et quand, pour une raison ou pour une autre, il était obligé de le faire, il pagayait en regardant du côté opposé, où il n'y avait que la forêt. Il rentra ce matin-là chez ses parents le cœur plein de rage. Il regrettait de ne pas avoir cédé à son envie de secouer Ritinha comme un prunier. Il regrettait plus encore tout le temps qu'il avait gâché à penser à elle, à s'imaginer qu'elle faisait pareil. Il se dit un instant que, s'il avait été armé, il aurait peut-être été capable de tirer sur Ritinha. C'était tout ce qu'elle méritait. Mais il ne le ferait pas. Il avait déjà décidé de ne plus jamais tuer personne de sa vie.

Júlio passa le reste de la journée silencieux. Ses parents et ses frères avaient envie de savoir comment s'était passé son travail dans l'Araguaia, mais il disait que le voyage l'avait fatigué et que son oncle Cícero pouvait tout leur raconter. Après le déjeuner, il sortit faire une marche en forêt. Cícero dit qu'il allait l'accompagner pour qu'ils chassent une bête quelconque en vue du dîner, mais Júlio préféra partir seul. Et sans sa carabine. Il pensait sans arrêt à Ritinha. Une haine profonde l'agitait. Il ramassa quelques noix dans les fourrés et les mangea assis par terre. Il essaya de se changer les idées en regardant les arbres et les animaux de la jungle. Mais l'envie d'agresser Ritinha d'une façon ou d'une autre ne lui sortait pas de la tête. Elle n'avait pas le droit de faire ce qu'elle avait fait. Il s'aperçut que sa colère contre son ex-amoureuse l'avait amené à cesser de penser aux déboires qu'il avait connus à Xambioá et dans les forêts de l'Araguaia. Il ressentit même une petite pointe de gaîté à l'idée qu'il ne serait pas impossible d'oublier tout cet enfer. Par rapport à tout ce qu'il avait vécu dans l'Araguaia, il n'y avait pas de quoi être aussi chamboulé par la trahison de Ritinha.

Il rentra au coucher du soleil. Des traînées de violet, de rouge et d'orange barraient le ciel. Pedro et Paulo se baignaient dans le fleuve. Dona Marina, seu Jorge et Cícero discutaient assis sur un tronc d'arbre, à côté de la porte de la maison. Júlio ôta sa chemise et la jeta sur les genoux de sa mère. Il partit en courant rejoindre ses frères. Avant de plonger dans le fleuve, il poussa un cri de joie et afficha un sourire spontané, enfantin, comme il n'en avait plus eu depuis longtemps. Il resta à jouer dans l'eau avec Pedro et Paulo jusqu'à ce que dona Marina les appelle pour le dîner. Devant la maison, sur une estrade de planches, les enfants se séchèrent et mirent des vêtements propres. En entrant, Júlio vit un gâteau au chocolat – son préféré – avec au centre une bougie blanche coupée en deux. Toute la famille se mit à chanter *Joyeux anniversaire*.

– Mais… c'était hier, dit-il, envahi par une joie immense.

– Sauf que tu es arrivé par surprise et que je n'ai eu le temps de rien préparer, mon fils, répondit dona Marina.

Elle trancha le gâteau et lui offrit la première part.

– Il y a du Coca, mère? demanda Júlio, la bouche pleine.

– Mon fils, tu sais bien qu'on n'a pas d'argent pour ces luxes-là. Il y a du Ki-Suco* au raisin, que tu adores.

Elle lui en servit un verre. Au moins, à Xambioá, je buvais du Coca-Cola tous les jours, pensa Júlio, tout en se retenant de le dire pour ne pas faire de peine à ses parents.

À la lueur de la lanterne, ils mangèrent le gâteau, un reste de poisson frit, et ils parlèrent. Pour la première fois,

* Boisson aromatisée en poudre très bon marché, extrêmement populaire au Brésil à partir des années 1970.

Júlio raconta à sa famille quelques histoires de l'Araguaia. Il parla de la voix bizarre et drôle de Tonho, des voitures et camions de l'armée et décrivit, avec tous les détails dont il se souvenait, son incroyable voyage en hélicoptère. Il raconta ses difficultés à dormir dans un lit et la haute caisse en métal rouge qui gardait l'eau glacée chez son oncle Cícero.

– Et il y a même une boule en verre accrochée au plafond qui éclaire la maison, dit-il. C'est beaucoup mieux qu'une lanterne.

Ses parents et ses frères l'écoutaient attentivement. Júlio se sentait la personne la plus importante du monde. Il prit le sac rapporté de Xambioá, sortit en courant de la maison et, à l'extérieur, enfila les vêtements militaires offerts par Carlos Marra. Il plaça la casquette sur son crâne, chaussa les godillots et revint à l'intérieur. En voyant son fils, dona Marina sourit largement et dit qu'elle n'avait jamais vu un aussi beau jeune homme. Seu Jorge le félicita aussi, disant qu'il ressemblait à un général. Pedro et Paulo s'approchèrent pour toucher les habits de leur grand frère.

– Cícero, demanda dona Marina à son beau-frère, pourquoi est-ce que tu n'emmènes pas Julão à Imperatriz ? Il pourrait devenir policier militaire comme toi, non ?

– Pour moi c'est très bien. C'est à lui de voir.

– Vas-y, mon fils, dit seu Jorge. Tu vas nous manquer, mais tu n'as pas d'avenir ici. Tu vas mourir sans sortir de ce bout du monde.

– Mais ne pars pas tout de suite, d'accord ? intervint dona Marina. D'abord, tu vas rester un moment avec nous. Tu as déjà passé beaucoup de temps loin de la maison.

Júlio écoutait en silence. Pensif. Il se disait que ce serait peut-être une bonne chose d'entrer dans la police militaire à Imperatriz. Mais il avait très peur de revivre des situations comme celles qu'il avait connues dans l'Araguaia. Et sa confiance en son oncle Cícero n'était plus la même. Après une longue conversation, tout le monde se coucha. Avant de rejoindre son hamac, Júlio rangea sa chemise, ses godillots et sa casquette dans le sac en plastique. Mais il garda le pantalon. En se couchant, il sentit une bosse dans la poche arrière droite. C'était l'enveloppe contenant tout l'argent qu'il rapportait de Xambioá. Il se rappela qu'il ne savait pas combien il avait gagné en près de trois mois de travail. À la lueur étouffée de la lanterne, il compta un par un les billets et les pièces : 920 cruzeiros et 80 centavos, sans compter toutes ses dépenses sur place. C'était énormément d'argent. Jamais il n'aurait cru en avoir autant un jour. Même son père n'avait sûrement pas eu une seule fois une aussi grosse somme entre les mains. Il se dit qu'en fin de compte, toutes ces horreurs vécues dans l'Araguaia en avaient valu la peine. Sa souffrance, ses nuits blanches, ses peurs et même les morts auxquelles il avait assisté – y compris celle de Maria Lúcia Petit – n'avaient pas servi à rien.

Une semaine plus tard, il partit pour Imperatriz avec Cícero. Ils firent le voyage dans le camion d'un ami de son oncle. Júlio ne prononça quasiment pas un mot du trajet. Cícero et le chauffeur, eux, parlèrent de football, de femmes et de la situation de la guérilla dans l'Araguaia. Les militaires continuaient à capturer et à tuer des communistes, et aussi les habitants qui collaboraient avec eux.

Un des épisodes les plus effrayants des derniers jours, raconta le chauffeur, avait été la décapitation d'un jeune guérillero. Des soldats étaient allés jusqu'à se promener dans les rues de Xambioá avec sa tête dans les mains. L'histoire choqua moins Júlio qu'elle ne l'aurait fait avant son séjour dans l'Araguaia. Il continuait de trouver tout ça horrible, mais il avait vu pire de ses propres yeux.

Une fois chez Cícero, il entendit son oncle dire qu'intégrer la police militaire ne serait pas aussi facile que le croyaient seu Jorge et dona Marina. Júlio allait devoir passer un concours de recrutement. Et la date des prochaines épreuves n'était même pas fixée.

– Et je vais faire quoi ici, tio ?

– Travailler, mon gars. Tu es venu pour ça, non ?

– Travailler dans quoi ? Je ne sais rien faire.

– Bien sûr que si. Tu sais tirer. Tu es d'une précision…

– Ah, non. Arrête avec ça. Je ne veux plus entendre parler de tirer sur des gens. Je te l'ai déjà dit.

Júlio quitta le canapé pour aller se servir un verre d'eau bien fraîche au frigo.

Cícero mit trois jours à persuader son neveu de l'accompagner pour un boulot. Il devait tuer un homme à la suite d'une dispute sur un terrain de foot. Le type qui l'avait engagé s'était pris une gifle dans la figure en plein match, devant tout le monde. Sur le terrain même, Leandro, qui avait reçu la claque, avait menacé son agresseur : "Je vais te tuer !" Mais comme il n'en avait pas le courage, ce fils d'un fazendeiro des environs avait payé Cícero pour le faire à sa place.

– Tu vas tuer ce type seulement parce qu'il a mis une baffe à quelqu'un ? demanda Júlio, nerveux.

– Non, Julão. Je vais le tuer parce que ce quelqu'un m'a payé pour ça. Il faut que tu apprennes un truc. Dans ce métier, on se fiche de savoir si le type est tout gentil ou si c'est un emmerdeur fini. Qu'il ait mis une baffe à l'autre ou violé sa fille, ça n'est pas mon problème. Ce qui compte, c'est qu'on me paye et que le boulot soit fait.

La froideur de cette réponse effraya Júlio, mais il se souvient aussi d'avoir admiré la force et le courage que semblait montrer son oncle. Tout le monde n'était pas capable de tuer quelqu'un sans peur, sans remords, sans tristesse. Il fallait du cran pour ça. Le jour dit, Júlio et Cícero partirent avant le lever du soleil. Tous deux portaient une casquette – "ça évitera qu'on nous reconnaisse", expliqua Cícero. À vélo – Cícero pédalait et Júlio était sur le porte-bagages – ils se rendirent dans le quartier où habitait la victime, à environ cinq kilomètres. Ils s'arrêtèrent à une centaine de mètres de sa maison. Aníbal était un homme d'environ d'un mètre soixante, corpulent, à la peau brune et aux cheveux grisonnants. Ils attendirent près de deux heures, assis sur le trottoir d'une station-service, qu'Aníbal sorte de chez lui. Ils laissèrent le vélo contre un poteau et le suivirent à pied, jamais à moins de cinquante mètres de distance, jusqu'à l'épicerie où il travaillait. Ils marchèrent environ un kilomètre et demi. Après trois autres heures d'attente, Júlio eut faim et suggéra qu'ils aillent s'acheter des biscuits et des sodas à l'épicerie. Cícero écarta l'idée en disant qu'ils ne devaient surtout pas être vus par Aníbal avant l'heure H. "Ça pourrait gâcher notre plan", dit-il. Vers midi, le commerçant traversa la rue et alla déjeuner au café d'en face. Moins d'une heure plus tard, il était de retour à l'épicerie. Júlio bouillonnait. Il ne supportait plus cette attente. Jusqu'à quand allaient-ils devoir rester là, assis dans la rue sans rien faire ?

– Dans ce métier, Julão, la patience compte autant que la précision au tir. Si le mec craque, ça peut tout foutre en l'air. Retiens la leçon.

Júlio était confus. Même si le ton professoral que prenait son oncle chaque fois qu'il lui disait quelque chose l'agaçait, il éprouvait une certaine fierté d'être en train de vivre ça. Et, plus troublant encore : il commençait à avoir de l'admiration et du respect pour le travail de tueur professionnel de son oncle. Il ne comprenait pas comment c'était possible. Mais il le sentait. Le bruit des voitures dans les rues en terre et le grand nombre de piétons ne le gênaient plus. À Xambioá, il s'était fait à toute cette pagaille. Il avait même hâte de voir comment son oncle allait liquider le pauvre bougre. À 18 heures pile, les cloches d'une église se mirent à sonner à deux rues derrière l'épicerie. Dix ou quinze minutes plus tard, Aníbal et un autre homme fermèrent la boutique en abaissant deux rideaux de fer peints en rouge devant la façade. Ils traversèrent la rue pour rejoindre le café d'en face. Júlio et son oncle s'en approchèrent mais restèrent à l'extérieur. Cícero jeta un rapide coup d'œil à la salle.

– Ils prennent une bière au comptoir, dit-il. Ils ne vont pas rester longtemps.

– Comment tu le sais ?

– Parce qu'il y a deux tables libres. S'ils avaient voulu traîner, ils en auraient pris une au lieu de se mettre au comptoir.

Cícero avait vu juste. Un quart d'heure plus tard, les deux hommes ressortaient du café. Ils se séparèrent et partirent chacun de son côté. Cícero avait déjà envoyé son neveu se poster plus loin, sur le chemin de la maison d'Aníbal.

– Pour quoi faire, tio ?

– Quand il arrivera à ta hauteur, engage la conversation.

– Comment ça ? Qu'est-ce que je lui dis ?

– Je n'en sais rien, Julão. N'importe quoi. Pose-lui une question quelconque, l'important est qu'il s'arrête pour te parler.

– Mais…

– Invente une histoire. Tu es intelligent. Tu trouveras bien quelque chose.

Le soir tombait sur Imperatriz. Sans quitter la rue des yeux, Júlio se demandait ce qu'il allait pouvoir dire à Aníbal pour le faire s'arrêter sans l'effrayer. Mais le temps passait, et aucune idée ne lui venait. Il vit l'homme tourner au coin de la rue et sentit son cœur accélérer. Un froid étrange lui couvrit le corps. Aníbal marchait dans sa direction, et il ne savait toujours pas quoi dire. Cícero apparut à son tour, cinquante mètres environ derrière la victime. À chaque pas d'Aníbal, Júlio devenait plus nerveux. C'était pour bientôt. Ils n'étaient plus qu'à quinze ou vingt mètres l'un de l'autre. Il s'avança à la rencontre de l'homme et demanda, les yeux baissés :

– Vous savez où je peux m'acheter un Coca-Cola, monsieur ?

– Quoi ? Parle moins vite, mon garçon.

– Je voudrais m'acheter un Coca-Cola. Vous savez où je peux trouver ça ?

– Ah, d'accord. Il y a un bar tout près d'ici. Tu n'as qu'à prendre la première à droite, et…

La conversation fut interrompue par une détonation sèche. Júlio, qui avait toujours les yeux baissés, vit le corps d'Aníbal s'écrouler à ses pieds. Épouvanté, il fit un bond en arrière. La nuque de l'homme que son oncle venait de tuer baignait dans le sang. Il sentit sa vue s'obscurcir. Cícero l'attrapa par le bras, et ils partirent en courant dans la rue. Deux carrefours plus loin, ils tournèrent à gauche et s'arrêtèrent. Júlio était toujours muet. Cícero se débarrassa de sa chemise à carreaux, ne gardant que le t-shirt blanc qu'il portait en dessous. Il demanda à Júlio d'enlever sa chemise et sa casquette. Ils remontèrent sur le vélo et rentrèrent chez eux. Cícero pédalait avec calme, comme si de rien n'était. Júlio n'arrivait pas à oublier l'image de cet homme étendu à ses pieds, la tête inondée de rouge. Mais son oncle affichait une tranquillité impressionnante. Comment, après avoir ôté la vie de quelqu'un, pouvait-il être aussi serein ? Il fallait une sacrée froideur. Ou un sacré courage ? Sur le porte-bagages, agrippé à la selle, Júlio voyait les passants marcher dans les rues poussiéreuses. Ces gens normaux ne savaient sûrement pas ce que c'était de tuer quelqu'un. Dans leurs vies ordinaires, il n'y avait aucune place pour des missions aussi risquées et aussi excitantes. Malgré lui, il était fier d'avoir participé à cette opération complexe. Après avoir passé toute la journée à filer Aníbal, son oncle et lui avaient réussi à faire le boulot. Et, surtout, sans attirer l'attention de personne. Il pensait toujours à ça quand Cícero voulut savoir ce qu'il avait dit à l'homme pour le faire arrêter.

– Je lui ai demandé s'il savait où je pouvais m'acheter un Coca.

– Excellent, Julão. Tu es encore plus malin que je ne pensais.

– Tu trouves ? Vraiment ?

– Et comment. Le coup du Coca, c'était parfait. Tu es né pour ce genre de travail, gamin. Tu as du talent pour ça.

Júlio n'apprécia pas d'entendre son oncle dire qu'il était né pour devenir un assassin. Mais en même temps il trouvait très agréable l'idée d'avoir un talent particulier. Ce soir-là, il resta à la maison avec son oncle. Après avoir dîné de riz et d'œufs au plat, ils discutèrent jusqu'à 1 heure du matin. Júlio alla se coucher convaincu qu'il devait devenir tueur à gages. Les arguments de Cícero semblaient solides. En travaillant comme pistolero, il pourrait faire des voyages, découvrir plein d'endroits, vivre des histoires excitantes et gagner raisonnablement sa vie. Pour tuer Aníbal, par exemple, Cícero lui raconta qu'il avait touché 500 cruzeiros. En un seul jour, son oncle avait encaissé plus de la moitié de ce que lui avait amassé en trois mois de travail dans l'Araguaia. Ce métier de tuer des gens était peut-être difficile, mais l'argent en valait la peine. Quant à sa peur de finir en prison, Cícero affirma qu'elle était infondée. Dans le coin, disait-il, la police ne se mêlait pas des affaires des pistoleros.

Avant de s'endormir dans son hamac, Júlio était persuadé qu'il serait capable d'entrer dans le monde des tueurs à gages. À son réveil, pourtant, il pensait différemment.

Il se leva et vit son oncle dans la cuisine. Au bruit et à l'odeur qui s'échappaient de la poêle, il comprit que Cícero préparait des œufs au plat. Il alla aux toilettes et, tout en urinant, pensa qu'il n'avait pas envie de devenir un tueur. La possibilité de devenir riche – comme l'avait dit son oncle – était tentante. Les aventures qu'il pourrait vivre grâce à ce métier lui semblaient aussi quelque chose d'intéressant. Mais il ne voulait pas porter pour toujours le poids d'assassinats commis seulement pour l'argent. Il se lava la figure à l'eau du baquet en fer-blanc, trempa ses mains dans l'eau et mouilla ses cheveux avec. Il mangea deux sandwichs à l'œuf et but un verre de café. Il ne disait rien. Cícero voulut savoir ce qui le préoccupait.

– Tu étais tout content quand on s'est couchés, Julão. Complètement emballé par notre travail.

– Je ne sais pas trop, tio. Je crois que je n'ai pas envie de me retrouver là-dedans.

– Arrête de penser à ça. On en a parlé longtemps hier soir, et tout était ok.

– Je sais. Mais je ne veux pas tuer des gens. J'ai déjà tué deux personnes, et ça me fait un nœud au ventre chaque fois que j'y repense.

– C'est normal, gamin. Tu vas t'y habituer avec le temps et tu ne sentiras plus ça. Fais-moi confiance.

– Je ne sais pas, tio. Je ne sais pas.

Cícero quitta sa chaise, passa dans le séjour et appela Júlio, qui était toujours dans la cuisine. Tous deux s'assirent sur le canapé en tissu rouge et noir et eurent une conversation que le jeune homme n'oublierait jamais. Il écouta son oncle dire qu'il n'y avait aucun mal à faire ce genre de travail. D'accord, c'était un péché. Mais comme le prêtre le lui avait appris, Dieu pardonne tout. Dans le cas d'un assassinat, il suffisait de réciter dix *Je vous salue Marie* et vingt *Notre Père* pour que son âme soit lavée. En plus, s'ils refusaient de faire un boulot, la victime mourrait quand même.

– Comment ça ?

– Si on dit non, le type engagera quelqu'un d'autre pour tuer le mec. Et les gens prêts à buter un malheureux pour 500 cruzeiros ou même plus, ce n'est pas ce qui manque.

– Je ne sais pas, tio.

– Réfléchis bien. Tout ce que j'ai, c'est ce boulot de pistolero qui me l'a donné. Tu n'arrêtes pas de dire que tu voudrais avoir une maison comme la mienne, avec une radio, un frigo, de la lumière et des bons trucs à manger. Si tu travailles là-dedans avec moi, tu auras tout ça très vite.

– Mais tu as aussi ton emploi de policier, non ?

– Oui. Mais à la PM, on touche un salaire de misère. Mon bateau, par exemple, je n'aurais jamais pu me le payer sans ces boulots que je fais en extra. Imagine-toi avec ton propre hors-bord : tu pourrais sillonner les rivières de haut en bas, quand tu voudrais.

Júlio l'écoutait sans quitter des yeux l'affiche représentant Notre-Dame d'Aparecida punaisée au mur. La sainte n'apprécierait sûrement pas de le voir travailler comme tueur avec son oncle. D'un autre côté, si Dieu pardonnait ce genre de péché, ce n'était pas si grave. D'après Cícero, c'était même très simple. Il suffisait d'accepter un boulot, de recevoir l'argent, de tuer le type et de réciter dix *Je vous salue*

Marie et vingt *Notre Père*. Obligatoirement dans cet ordre. Júlio décida d'accepter la proposition de son oncle. Si, à un moment donné ou pour une raison quelconque, il le regrettait, il n'aurait qu'à rentrer chez ses parents, à Porto Franco, et reprendre sa vie tranquille au bord du Rio Tocantins.

Ce soir-là, Júlio passa des heures à écouter son oncle tout lui expliquer du travail de pistolero. Ils discutèrent assis sur le plancher, le dos contre le canapé. La radio à piles resta allumée du début à la fin, mais Júlio était trop attentif aux paroles de son oncle pour bien écouter les morceaux. Il se souvient juste d'avoir entendu, pour la première fois, une chanson qui allait marquer son existence et dont le refrain disait : "*Eu vou tirar você desse lugar. Eu vou levar você pra ficar comigo*[*]." Il voulut savoir qui la chantait. Cícero dit que c'était le meilleur chanteur du Brésil : Odair José. Mais il revint tout de suite au sujet qui l'intéressait. Avant toute chose, Júlio allait devoir mémoriser une liste que son oncle appelait le code d'honneur du pistolero.

– Ce sont des trucs que tu ne dois jamais faire, en aucun cas. Même si on t'offre plein d'argent.

Cette liste, que Júlio réussit à réciter en moins d'une heure, comportait cinq interdits :

NE PAS TUER DE FEMME ENCEINTE.
("Sauf si tu ne sais pas qu'elle est enceinte", précisa Cícero.)

NE PAS VOLER LES BIENS DE SA VICTIME.
("On est des tueurs. Pas des voleurs.")

NE PAS TUER D'AUTRES TUEURS.
("On doit respecter les collègues.")

NE PAS TRAVAILLER À CRÉDIT.
("La mort n'attend pas.")

---

* "Je vais te sortir de là. Je vais t'emmener pour que tu restes avec moi."

NE PAS TUER QUELQU'UN DANS SON SOMMEIL.
("C'est de la lâcheté.")

Quand Júlio dit à son oncle qu'il savait par cœur cet étrange code d'honneur, Cícero donna quelques conseils qui, selon lui, seraient décisifs pour l'aider à faire une belle carrière. Primo, il allait devoir mettre un maximum d'argent de côté pour pouvoir s'acheter une moto dès que possible. Pour son oncle, la moto était le véhicule idéal du tueur à gages. C'était pratique, rapide et économique. En plus, le casque l'aiderait à cacher son visage aux éventuels témoins. Lui-même était sur le point de s'en offrir une et, s'il ne l'avait pas encore fait, c'était seulement parce qu'il avait voulu investir d'abord dans l'achat de son canot et d'un bon moteur. Et secundo, Júlio devrait toujours se servir de la même arme. Ses gestes seraient plus sûrs et plus précis. Cícero souleva sa chemise et sortit un .38 de sa ceinture.

– Il est à toi, dit-il en le tendant à Júlio. À partir de maintenant, tu travailleras avec ce flingue.

– Mais… je ne me suis jamais servi d'un revolver. Je sais seulement tirer à la carabine.

– C'est pour ça que je te le donne. Tous les matins à l'aube, je veux que tu prennes ce revolver et que tu ailles t'entraîner dans la jungle. Je ne te donnerai ton premier travail que quand tu tireras bien.

– D'accord, tio.

– Mais souviens-toi d'une chose.

– Laquelle ?

– Si je veux que tu apprennes à bien tirer au revolver, c'est juste pour que tu te sentes plus sûr de toi. Dans notre métier, tu n'auras pas souvent besoin de tirer de loin. L'idéal, c'est de tirer à bout portant, comme je l'ai fait avec Aníbal.

– Pourquoi ?

– Parce qu'il faut faire mouche du premier coup, de préférence dans la tête. Plus tu es loin, plus il y a de risques que tu loupes ta cible ou que quelqu'un ou quelque chose passe dans ton champ de vision. Mais tout ça, tu l'apprendras avec le temps. Je suis sûr que tu feras un excellent pistolero. On va gagner plein d'argent ensemble.

Cícero avait encore des conseils à donner à son neveu :

PARLER LE MOINS POSSIBLE AVEC LA VICTIME.

NE PAS PARLER À L'ENTOURAGE DE LA VICTIME.

ÉVITER TOUS LES TYPES DE CONFLIT, LÀ OÙ ON TRAVAILLE COMME LÀ OÙ ON VIT.
("Il faut que les gens de ton voisinage te voient comme quelqu'un de tranquille. Ça éloignera les soupçons.")

NE JAMAIS TRAVAILLER SOUS SON VRAI NOM.
("De préférence, prends celui de quelqu'un que tu connais. Tu auras moins de mal à t'en souvenir et tu réagiras plus vite si on t'appelle.")

Júlio apprit soigneusement l'ensemble des règles et recommandations données par son oncle. Il s'efforça aussi d'apprendre rapidement à manier le revolver. Deux semaines plus tard, il se sentait prêt. Et la troisième, il fut chargé de son premier boulot de tueur à gages. Cícero fit monter son neveu dans un car et l'envoya dans la ville d'Açailândia, dans le Maranhão, à soixante-dix kilomètres d'Imperatriz. Júlio devrait y tuer un certain Caetano, qui devait 2000 cruzeiros à un commerçant local dont il ne saurait jamais – ni ne chercherait à savoir – le nom. Il passa tout le voyage à changer la position du revolver glissé dans sa ceinture. Pour camoufler la bosse, il avait mis un t-shirt ample et une chemise par-dessus. Et il portait un chapeau de paille pour masquer son visage. À Açailândia, un adolescent efflanqué, qui faisait un peu plus jeune que lui, l'attendait à l'arrêt du car. Presque sans un mot, il conduisit Júlio à pied jusqu'à un marché local, où Caetano vendait des fruits et légumes sur un étal de bois.

– C'est celui-là, dit l'adolescent en désignant le marchand.

Et il s'en fut.

Júlio était seul. Caché derrière une charrette débordante de pastèques, il observa l'homme qu'il devait tuer. Caetano avait l'air d'un type bien. Il mesurait environ un mètre soixante-dix et avait de grands yeux, un visage fin et des cheveux sombres clairsemés. Il accueillait tous ceux qui s'approchaient de son étal avec un large sourire. Júlio commença à avoir pitié de lui avant même d'utiliser le revolver. Il se rappela les paroles de son oncle: "Dans ce métier, on se fiche de savoir si le mec en a giflé un autre ou s'il a violé sa fille. Tout ce qui compte, c'est qu'on me paye et que je fasse le boulot." Lui aussi voulait avoir cette froideur. Ce courage. En plus, Cícero avait déjà été payé pour l'assassinat de Caetano. Il était trop tard pour reculer. Júlio était tellement nerveux qu'il fut tenté d'abattre l'homme ici même, en plein marché. Après avoir tiré une balle dans la tête du marchand, il s'enfuirait en courant et sauterait dans le premier car pour Imperatriz. Mais il comprit vite que ce serait trop risqué.

Il décida de faire comme son oncle pour l'assassinat d'Aníbal. Il attendit que Caetano ait fermé son étal et ramassé le reste de ses fruits et légumes. Il suivit l'homme dans les rues poussiéreuses d'Açailândia, à une trentaine de mètres de distance. Caetano marchait avec un ami. Júlio devait attendre que sa victime soit seule. Il perdit presque tout espoir en voyant Caetano prendre congé de son camarade et disparaître dans une maison en bois brut donnant directement sur la rue, avec une bâche en plastique noir en guise de toit. Il ne savait plus quoi faire. Comment allait-il pouvoir tuer cet homme chez lui? Mieux valait laisser tomber, rentrer à Imperatriz et lui régler son compte plus tard. Sauf que, dans ce cas, il devrait repartir de zéro. Et qu'il aurait en plus à digérer un échec dès sa première mission. Il décida de ne quitter Açailândia que quand il aurait tué Caetano.

La nuit tombait, et sa victime était toujours à l'intérieur. Júlio attendait de l'autre côté de la rue, assis sous un goyavier. Il n'y avait pas l'électricité dans le secteur. La rue était dans le noir complet. Les seules sources de lumière étaient les lanternes visibles derrière les fenêtres ouvertes de quelques maisons. Le temps passait, et rien ne bougeait. Júlio eut une idée qu'il trouva excellente. Mais il faudrait beaucoup de courage et de sang-froid pour la mettre en pratique. Il allait se présenter devant chez Caetano et l'appeler. Dès que le marchand ouvrirait, il le tuerait d'une balle dans la tête et s'enfuirait à travers les broussailles qui poussaient derrière la maison. Assis sous le goyavier, il balaya du regard les deux côtés de la rue. Il n'y avait personne. Il se leva et marcha vers la maison de Caetano. Son cœur battait à tout rompre. Ses mains suaient.

– Seu Caetano ! cria-t-il, forçant sa voix dans les graves.

– Qui c'est ? répondit le marchand de l'intérieur, criant lui aussi.

– J'ai un message pour vous. Ça sera rapide.

– J'arrive.

Debout face à la porte, Júlio sortit le revolver de sa ceinture. Comme son oncle le lui avait conseillé, il ouvrit le barillet pour s'assurer que l'arme était bien chargée. Puis il cacha les mains derrière son dos et attendit que la porte s'ouvre. Il tirerait une seule balle. Dans la tête. Mais ce fut la fenêtre qu'il entendit s'ouvrir, à gauche de la porte.

– C'est pour quoi ? demanda le marchand.

Júlio était tellement pressé d'en finir qu'il envisagea de lui tirer dessus sans un mot. Ce fut impossible. Son corps refusait d'obéir à son cerveau. Il était pétrifié de nervosité. Il n'arrivait même plus à parler normalement. Les mots sortirent de sa bouche entrecoupés.

– Je voudrais ouvrir un étal au marché. Vous savez comment on fait, monsieur ?

– Qu'est-ce que c'est que cette histoire ? Tu viens de me dire que tu avais un message pour moi.

– Je voulais juste savoir si vous pouviez m'aider, balbutia Júlio en s'approchant de la fenêtre.

– Je ne suis qu'un vendeur. Si tu veux monter un étal, il va falloir que tu en parles aux gens qui organisent ça.

Júlio ramena tout à coup le bras droit vers l'avant et pointa son revolver sur le visage de Caetano. L'homme écarquilla les yeux et changea de couleur. Il inspira et remua les lèvres comme pour dire quelque chose. Il n'en eut pas le temps. Júlio appuya sur la détente et vit la balle entrer juste au-dessus de son œil droit. Il n'attendit pas que le corps ait touché le sol. Il contourna la maison et s'enfuit dans les broussailles. Tout en courant, il récita les dix *Je vous salue Marie* et les vingt *Notre Père* qui devaient soulager son âme du poids de la mort de ce pauvre type. Mais on aurait dit que plus il priait, plus sa culpabilité augmentait. Et il répétait les prières une nouvelle fois. Il courut jusqu'à ce que ses jambes protestent de fatigue. Il était trempé de sueur. Il mourait de soif et de faim. Il n'avait rien mangé depuis le petit-déjeuner. Il s'allongea sur le sol tapissé de feuilles sèches et continua de prier jusqu'à s'endormir. On était le 27 juillet 1972, et Júlio Santana venait de faire son premier boulot de tueur à gages.

Le lendemain matin, il regagna Imperatriz en car. Il se sentait étrangement fier d'avoir effectué son travail correctement. Tout le monde n'avait pas le courage de mettre une balle dans la tête de quelqu'un à moins d'un mètre de distance. De retour à la maison, il raconta tout à son oncle, avec tous les détails dont il se souvenait. Cícero le félicita d'avoir pensé à appeler le marchand à la porte de chez lui. Il approuva aussi la patience qu'avait montrée son neveu en passant des heures assis sous son goyavier pour attendre le bon moment. Et il garantit à Júlio qu'il pouvait dormir tranquille, car Dieu lui avait sûrement déjà pardonné. Cícero tira une liasse de billets de sa poche de chemise et, avec un sourire fier, la lui tendit. Júlio compta 300 cruzeiros.

– Je m'attendais à plus, tio.

– Quoi, tu trouves que c'est mal payé ? Si tu fais deux boulots de ce genre dans le mois, ça te rapportera 600 cruzeiros. C'est plus de la moitié de ce que tu t'es fait en trois mois dans l'Araguaia.

– Je sais. Mais toi, tu en as touché 500 pour tuer Aníbal, alors que c'était tout près d'ici.

– Et alors ?

– Vu que j'ai dû changer de ville, je m'attendais à gagner plus.

– C'est comme ça, Julão. Chaque contrat a un prix différent. Mais ça me plaît bien que tu sois attentif aux questions d'argent. C'est une bonne chose, dit Cícero en souriant.

Ce soir-là, Júlio compta plusieurs fois ses billets avant de s'endormir. Gagner 300 cruzeiros en une seule journée de travail était quelque chose qu'il n'aurait jamais cru possible. En plus de ça, il avait aimé l'émotion qu'il avait ressentie en tuant Caetano. La peur, la tension, la nervosité, le cœur battant, tout cela, d'une certaine façon, lui avait fait du bien. Il voulait vivre d'autres aventures comme celle-là. Il voulait gagner plus d'argent.

487 MEURTRES RÉPERTORIÉS

Ce n'était pas la première fois que cette pensée traversait l'esprit de Júlio Santana. Combien de personnes avait-il tuées au cours de sa vie ? Il ne s'était jamais donné la peine de les compter. En ce dimanche 16 avril 2006, il se réveilla décidé à le faire. Ça ne serait pas difficile. Il suffirait d'ouvrir le cahier où il notait tous ses boulots, caché dans une vieille sacoche derrière l'armoire de sa chambre. Étant donné qu'il n'avait commencé à prendre ce type de notes qu'en 1974 – trois ans après avoir commis son premier homicide –, trois de ses victimes n'y figureraient pas : le pêcheur Amarelo, la guérillera Maria Lúcia Petit et le marchand Caetano. Comme chaque dimanche, il passa la journée chez lui, à Porto Franco, où il était revenu s'installer en 1984, l'année de son mariage. Il y vivait avec sa femme et leurs deux enfants, un garçon de dix-huit ans et une fille de douze. Le fils aîné du couple, qui aurait dû fêter ses vingt et un ans en mars 2006, s'était tué dans un accident de moto en octobre 2004, à Imperatriz. Aujourd'hui encore, Júlio croit que la mort de ce premier-né est une punition de Dieu pour tout le mal qu'il a fait dans sa vie.

Il ne voulait pas que sa famille le voie plongé dans cet étrange comptage. Il attendit que sa femme et sa fille soient sorties pour assister au culte matinal de l'Assemblée de Dieu et que son fils parte jouer au football. Une fois seul, il entra dans la chambre conjugale et traîna l'armoire sur le sol en ciment. La sacoche était couverte de poussière. Il détourna le visage, bloqua sa respiration et l'épousseta de quelques tapes. Avant de l'ouvrir, il voulut s'assurer que personne n'entrerait sans qu'il s'y attende. Il s'approcha de la porte d'entrée et regarda dans la rue. Il n'y avait là que quatre ou cinq gamins qui jouaient au ballon sur la terre battue. Il ferma les deux fenêtres et les deux portes de la maison – celle du devant et celle du fond –, puis il sortit son cahier de la sacoche. En couverture, un dessin de Donald Duck. Dans ses pages jaunies étaient marqués les noms de toutes les personnes qu'il avait tuées depuis mars 1974, le lieu et la date du travail, la somme reçue pour ses services et les noms du client et de la victime.

Il s'assit dans le canapé trois places en tissu marron et roula le cahier dans ses mains jusqu'à ce qu'il prenne la forme d'un tuyau. Avant de se mettre à compter, il balaya tout le salon du regard. Sur sa gauche, un autre canapé, celui-là à deux places. Devant lui, une table basse à plateau de verre et, au-delà, un meuble en cerisier sur lequel étaient posés un téléviseur 51 centimètres, une chaîne stéréo et le lecteur de DVD offert pour Noël à ses enfants, et dont il venait de payer la dernière mensualité. Dans le coin salle à manger, une table, elle aussi en cerisier, entourée de quatre chaises. Il n'avait jamais compris pourquoi sa femme tenait tant à laisser en permanence, au centre de cette table, un vase de verre d'où sortaient deux roses en plastique. Un des murs était orné d'un poster du duo Zezé di Camargo & Luciano – dont leur fils était fan – et d'un autre de l'équipe du Flamengo championne du monde des clubs en 1981. Sans lâcher son cahier, il se leva et entra dans la cuisine. Il regarda la gazinière bleue à quatre feux, le frigo blanc et le four à micro-ondes encastré qui ne marchait plus depuis près d'un an. Un filtre à eau en céramique et une pile d'assiettes et de casseroles se disputaient l'espace du plan de travail en inox. Il passa rapidement en revue la chambre des enfants – qui réclamaient sans arrêt d'avoir chacun la leur – et celle des parents. Cela faisait deux ans que sa femme se plaignait que les meubles des enfants étaient trop vieux.

Il revint au salon et se rassit dans le canapé trois places. Son cahier était toujours roulé dans sa main droite. Avant de commencer à lire la liste des gens qu'il avait tués, il se rappela qu'il était devenu pistolero séduit par les belles paroles de son oncle Cícero, qui lui avait promis que ce métier ferait de lui un homme riche. S'il se fiait à ce qu'il venait de voir dans sa maison, il était loin du compte. Il pensait vivre beaucoup mieux que ses parents et que la plupart de ses amis, qui n'avaient jamais eu les moyens de s'offrir des choses comme une télé, un lecteur de DVD ou une chaîne stéréo. En plus de tout ça, il avait son propre hors-bord et une voiture, une Fiat 147 bleue de 1985, reçue comme paiement pour un boulot. Et il avait réussi à mettre de côté 100 000 réaux, qu'il prévoyait d'utiliser pour acheter un lopin de terre loin du Maranhão et y bâtir une maison où il pourrait vivre en paix avec sa femme et ses enfants. Mais à cinquante et un ans, dont trente-cinq passés à travailler exclusivement comme tueur à gages – il n'avait jamais eu aucune autre activité professionnelle –, il trouvait que tout ça était bien peu en regard de toutes les horreurs qu'il avait vues et commises pendant sa vie. S'il avait su que cela se terminerait de cette façon, jamais il n'aurait suivi les conseils de son oncle.

Il tendit les jambes pour poser les talons sur la table basse et se laissa aller contre le dossier. Il ouvrit son cahier et se mit à le feuilleter, page après page. Jamais il n'aurait cru qu'il serait aussi difficile de découvrir combien de personnes il avait assassinées. À mesure qu'il lisait le nom de ses victimes, son esprit le ramenait sur les lieux et au moment du crime. Sans qu'il sache pourquoi, c'étaient quelquefois des détails minimes qui lui revenaient, comme la tenue que portait le malheureux au moment de mourir, le temps qu'il faisait, le repas que lui-même avait pris avant de se mettre au travail. Dans d'autres cas, c'étaient les circonstances ou le décor du crime qui rendaient l'expérience inoubliable. Ce fut ce que Júlio ressentit en lisant le nom "João Baiano" dans son cahier. Entre parenthèses, en lettres capitales tremblotantes, une description physique de l'individu : noir, costaud, un mètre soixante-dix environ, une dent du haut en or du côté gauche. João Baiano avait été le premier des quatre hommes tués par Júlio Santana dans la célèbre mine d'or de Serra Pelada, au sud du Pará.

Depuis le milieu de 1980, son oncle Cícero lui parlait de l'énorme quantité de gens venus d'un peu partout au Brésil, qui allaient à Serra Pelada dans l'espoir de s'enrichir en trouvant de l'or. À l'époque, la récente découverte du minerai avait transformé la région en une espèce d'eldorado, où une vingtaine de milliers d'hommes creusaient la Serra dos Carajás à la recherche de cailloux dorés. L'exode fut tel que, un peu plus d'un an après – en septembre 1981 –, presque quatre-vingt mille garimpeiros vivaient et travaillaient à Serra Pelada. Peu de villes du Pará étaient aussi peuplées. Selon Cícero, l'avidité et l'ambition de tous ces hommes provoquaient des conflits que ne pouvaient résoudre que les balles.

– C'est une super occasion pour nous de gagner de l'argent, Julão, dit-il pendant une conversation chez lui, à Imperatriz, en mars 1981.

– Tu crois vraiment ?

À vingt-six ans, Júlio habitait toujours sous le toit de son oncle, qui continuait à le traiter comme un enfant.

– Bien sûr, gamin ! On peut même se faire payer en pépites. Tu imagines ? Rentrer à la maison avec de l'or plein les poches ?

– Et c'est si facile que ça ?

– Tu te rappelles la semaine dernière, quand je suis parti faire un boulot ?

– Oui.

– Eh bien voilà. Je suis allé à Serra Pelada pour tuer un mec qui avait piqué l'or d'un autre. Ça arrive tout le temps là-bas.

– Et tu as gagné combien ?

Cícero quitta le canapé, passa dans sa chambre et en revint le poing gauche fermé.

– Voilà ce qu'on m'a payé, dit-il en ouvrant la main sur un morceau d'or à peine plus gros qu'un grain de maïs.

– Tu ne vas pas me faire croire que tu as tué un type pour toucher cette misère, tio ! dit Júlio sans pouvoir s'empêcher de rire.

– Ne dis pas n'importe quoi. Il y en a pour onze grammes d'or. Tu sais combien ça vaut ?

– Non, répondit Júlio, toujours souriant. Je sais que l'or vaut très cher, mais ce petit caillou de rien du tout…

– On voit que tu n'y connais rien. Ce caillou vaut 9 900 cruzeiros. Neuf mille neuf cents cruzeiros, répéta Cícero en frottant presque la pépite contre le nez de son neveu.

Júlio fut impressionné d'apprendre que ce minuscule morceau d'or pouvait valoir autant – à l'époque, le salaire minimum était de 8 460 cruzeiros et le gramme d'or, à Serra Pelada, se vendait à 900 cruzeiros. Deux mois plus tôt, il en avait reçu 6 000 pour assassiner un agriculteur à Esperantina, dans le Tocantins, sur commande d'un fazendeiro mécontent de l'invasion de ses terres par un groupe de paysans. Se faire payer en or pour tuer un misérable de plus lui parut une bonne idée. Il se mit à croire que posséder un de ces cailloux – même tout petit – serait un pas important pour réaliser son rêve de devenir riche. Il suivit le conseil de Cícero et accepta d'aller à Serra Pelada. Mais ce voyage vers la plus grande mine d'or à ciel ouvert du monde n'aurait lieu que presque un an plus tard, en février 1982, quand son oncle lui annonça qu'il avait trois boulots à faire là-bas. Lui-même en ferait deux et Júlio, moins expérimenté, s'occuperait du troisième. Et toucherait 5 000 cruzeiros.

D'Imperatriz, ils partirent en camion pour Marabá, dans le sud-est du Pará : cent soixante-dix kilomètres de routes défoncées, dont près de la moitié en terre. C'était la saison sèche, et les nombreux camions et cars bondés d'hommes en route vers l'eldorado de Serra Pelada soulevaient une fine poussière ocre. Elle piquait les yeux de Júlio et le faisait tousser. Pendant les quatre heures que dura le trajet, il grilla la moitié d'un paquet de cigarettes Continental. Il s'était mis à fumer avec son oncle. Il n'avait pas oublié le goût amer de la première cigarette qu'il avait portée à sa bouche, à dix-neuf ans. Mais Cícero disait tout le temps que fumer donnait de la force et du courage, donc il avait décidé d'essayer d'y trouver du plaisir. Il avait l'habitude de dire qu'il n'aimait pas la cigarette mais que la cigarette avait l'air de l'aimer beaucoup.

À l'arrivée à Marabá, Júlio découvrit une ville beaucoup plus agitée que quand il y était venu pour la première fois trois ans plus tôt, pour tuer deux agriculteurs qui disputaient des terres à des fazendeiros locaux – aujourd'hui encore, le Pará est l'État du Brésil où le nombre d'assassinats liés à des conflits agraires est le plus élevé. Marabá grouillait de voitures, de camions et d'autobus. Dans les rues en terre, les piétons se bousculaient, les bras et les épaules chargés de sacs en tout genre. Un boucan d'enfer. Il était difficile de trouver une femme dans cette foule : il n'y avait quasiment que des hommes, accourus d'un peu partout dans le pays et prêts à n'importe quoi pour "décrocher la timbale", l'expression utilisée par les garimpeiros pour désigner ceux qui arrivaient à s'enrichir en découvrant de l'or.

Tout ce monde avait dévalisé les rayons des épiceries et des boulangeries. Cícero et Júlio avaient prévu de faire des provisions avant leur départ pour Serra Pelada mais ne trouvèrent ni haricots, ni pâtes, ni biscuits, ni sucre, ni huile. Ils ne purent acheter que cinq kilos de riz et deux de viande sèche, du sel et de la farine, deux boîtes de pâte de goyave et un paquet de cigarettes. Avant de s'embarquer dans un autre camion pour rejoindre la mine, ils firent étape dans un bar. Cícero prit une bière et Júlio un Coca-Cola. Malgré les critiques de son oncle, rien ne l'aurait fait échanger son soda contre un verre de bière. Le parcours de cent soixante kilomètres jusqu'à Serra Pelada fut beaucoup plus compliqué que le précédent.

À l'arrière du camion, Cícero et Júlio étaient coincés au milieu d'une quarantaine d'hommes. Tous assis les jambes pliées, pour laisser de l'espace aux sacs et bagages empilés au centre du plateau. Il y avait des jeunes, des vieux, des blonds, des Noirs. Les accents se mélangeaient. D'après les conversations qu'il entendait, Júlio apprit que certains de ces aventuriers en quête d'or venaient du Maranhão, de Bahia, du Mato Grosso et du Paraná. Heureusement, personne ne lui demanda rien. Il n'avait pas envie de répondre qu'il allait à Serra Pelada pour tuer un homme. Et il avait peur de mentir en essayant de se faire passer pour un garimpeiro, ce qui aurait montré qu'il ne comprenait rien au sujet. Pour éviter ce risque, il fit semblant de dormir.

Il ne rouvrit les yeux qu'au moment où le camion entra sur une piste de jungle et que les cahots firent tomber sur lui l'homme assis à sa gauche. Il fut impressionné par ce qu'il vit. Les flancs du véhicule frôlaient les arbres tellement le passage était étroit. Il suffisait de tendre le bras pour toucher les troncs. La moindre embardée pouvait jeter le camion dans les fourrés. Mais le chauffeur ne paraissait pas s'en soucier. Il continuait à rouler à une vitesse que Júlio trouvait trop élevée au vu des circonstances. C'était la première fois qu'il avait peur de mourir dans un accident de la route. Son angoisse dura une vingtaine de minutes. Jusqu'à ce que la piste s'élargisse et que le camion en prenne une autre. Environ une heure plus tard, il aperçut un incroyable tumulte. Il y avait des gens partout. Jamais il n'avait vu une pagaille pareille, ni à Imperatriz ni même à Xambioá. Les quatre-vingt mille hommes qui vivaient à Serra Pelada à l'époque semblaient avoir envahi chaque centimètre carré de terre grisâtre. Le camion stoppa et tout le monde se dépêcha de descendre en sautant.

Il n'y avait pas une seule maison en dur. Elles étaient toutes en bois. Et toutes couvertes d'une bâche en plastique noir ou de planches. Júlio, médusé, regardait toujours ce capharnaüm quand il se rendit compte que tous ses compagnons de voyage se faisaient arrêter par des policiers qui les palpaient minutieusement et ouvraient leurs bagages. Personne n'entrait à Serra Pelada sans avoir été fouillé par la police. L'objectif de l'opération était d'empêcher l'entrée d'armes et de boissons alcoolisées sur le site de la mine.

Júlio se rappela leurs deux revolvers cachés dans des chaussettes au fond du sac de Cícero. Un policier s'approcha de lui et passa les mains sur ses jambes, son ventre, son dos et ses bras. Ensuite, il lui ordonna d'ouvrir son sac. Tout en obéissant, Júlio jeta un coup d'œil en arrière et vit son oncle être intercepté par un autre policier. Si leurs armes étaient découvertes, ils auraient sûrement des ennuis. L'idée de se retrouver emprisonné dans ce bout du monde fit paniquer Júlio. Il ferma les yeux et demanda à Dieu de les sortir de ce pétrin. En rouvrant les yeux, il vit un homme très maigre, au visage couvert de rides, s'approcher en souriant du policier qui fouillait son oncle et le saluer d'une poignée de main. Au même moment, Cícero fut libéré sans subir de fouille corporelle et sans devoir ouvrir son sac. Júlio crut que ses prières avaient été exaucées.

– Salut, Armando. Comment s'est passé le voyage? demanda le type ridé en s'adressant à Cícero.

Júlio comprit tout de suite qu'"Armando" était le nom de code qu'utilisait son oncle dans la région. C'était celui de son grand-père, le père de Cícero.

– Toujours aussi chiant. Mais bon, on est arrivés entiers.

– C'est le gars dont tu parlais? dit l'homme en indiquant Júlio du menton.

– C'est lui. C'est un bon.

– Et on peut savoir comment tu t'appelles, mon gars? demanda le type en tendant la main droite à Júlio.

– Jorge. Je m'appelle Jorge, répondit le jeune homme d'une voix un peu étranglée, copiant l'idée de Cícero de prendre pour pseudonyme le prénom de son père.

– Enchanté. Tu peux m'appeler Paraíba. Mon nom est Daniel, mais tout le monde m'appelle Paraíba. Allons-y tout de suite, le chef nous attend.

Le patron de Paraíba était un type connu à la mine sous le nom d'Índio. Júlio apprendrait plus tard qu'il s'appelait en réalité José Mariano et que son surnom ne devait rien au hasard. Il était né dans une tribu indigène des forêts du

Pará et avait été un des premiers à arriver à Serra Pelada, en novembre 1979. Personne n'en était sûr, mais le bruit courait dans les rues pleines de boue de la ville-champignon que, en un peu plus de deux ans de travail à la mine, Índio avait déjà mis la main sur deux cents kilos d'or, ce qui, à l'époque, valait quelque chose comme 3,6 millions de dollars. Índio avait une peau cuivrée, des yeux étroits, des cheveux noirs très lisses, un visage en lame de couteau, une fine moustache et un bouc clairsemé. Il avait vingt-neuf ans et vivait dans une baraque en bois au sol de terre battue et toiture en plastique – comme tous les autres chercheurs d'or du coin. Jamais Júlio n'aurait pu deviner qu'un type de ce genre, vivant dans un taudis pareil, puisse avoir autant d'argent.

Ce que tout le monde savait, c'était qu'Índio avait réinvesti une partie de sa fortune dorée dans les voitures et l'immobilier. Chez un concessionnaire Volkswagen de Marabá, il s'était acheté cinq voitures d'un seul coup, qu'il avait payées comptant et en liquide. Le vendeur qui s'était occupé de lui avait raconté partout qu'il l'avait vu sortir son pactole d'un de ces sacs en papier qui servaient à emballer le pain. Índio s'était aussi offert six maisons à Belém et se vantait d'entretenir une femme dans chacune d'elles, comme il le raconterait lui-même à Júlio pendant le déjeuner. Sa dernière acquisition était un pick-up Ford F1000 gris métallisé à moteur diesel de 3,9 litres, acheté deux semaines avant l'arrivée de Júlio et de Cícero à Serra Pelada.

Índio avait tellement d'argent qu'il faisait trois allers-retours par semaine à Marabá en avion bimoteur pour s'amuser avec les filles de la ville – l'entrée des femmes était interdite à Serra Pelada. Le vol durait vingt minutes et ne coûtait pas moins de 4000 cruzeiros. Júlio fit le calcul et constata que cet homme en apparence pauvre dépensait, au minimum, 12000 cruzeiros par semaine pour aller à Marabá. Avec tout cet argent, Índio aurait largement pu payer plus de 5000 cruzeiros pour se débarrasser d'un gêneur. Júlio suggéra à Cícero de lui en toucher un mot pour essayer d'obtenir une augmentation, mais son oncle le rembarra en disant que, une fois le contrat passé, on ne parlait plus d'argent avec le client.

Après le déjeuner chez Índio, Paraíba quitta la baraque avec Júlio pour lui montrer qui était l'homme qu'il devrait tuer. Ils arrivèrent au bord d'un immense cratère, beaucoup plus large que deux terrains de football et d'environ cent mètres de profondeur. De ce trou qui avait l'air sans fin remontaient des milliers d'hommes couverts d'une boue grise et gluante, portant des sacs de grosse toile sur le dos. Leur va-et-vient était interminable. Pendant que les uns montaient, les autres descendaient. Les garimpeiros ressemblaient à des fourmis. C'était comme ça du matin au soir. Les hommes revenaient en haut du cratère en équilibre sur de longues rampes de terre qui serpentaient sur les flancs du ravin. D'autres utilisaient des échelles en bois, dont certaines larges d'un mètre et longues de quatre-vingt-dix mètres, qui allaient jusqu'au fond de la mine. Une de ces échelles, raconta Paraíba, avait été surnommée "Adieu maman" par les garimpeiros.

– Quel drôle de nom, dit Júlio en souriant.

– Le nom est peut-être drôle, mais la raison fait froid dans le dos.

– Comment ça ?

– Ils l'ont appelée comme ça parce que, de temps en temps, il y a un mec qui en tombe. Et là, fiston, c'est la mort assurée.

– Sérieux ?

– Bien sûr, mon gars. Imagine un pauvre type faire une chute de quatre-vingt-dix mètres dans cette saleté. Il y en a deux ou trois par mois qui meurent comme ça.

Et voilà. Júlio savait maintenant quoi faire pour tuer le dénommé João Baiano sans attirer l'attention de personne. Il profiterait d'un moment où le garimpeiro serait sur l'échelle "Adieu maman" pour lui mettre une balle dans la tête. Au milieu du boucan de la mine, la détonation passerait inaperçue, et tout le monde croirait que la mort de Baiano était due à une chute. Ce ne serait pas difficile. Avant qu'on s'aperçoive que le garimpeiro avait été assassiné par balle, Júlio serait loin. Le problème, en attendant, était de trouver ce fichu type. Paraíba et lui étaient déjà devant le cratère depuis près d'une demi-heure, et pas la moindre trace de Baiano. D'ailleurs, Júlio trouvait impossible de distinguer quelqu'un dans cette fourmilière humaine. Ils étaient tous pareils avec leur sac sur les épaules et la boue qui couvrait leur corps. Presque tous portaient un chapeau. Mais Paraíba se disait certain de reconnaître João Baiano s'il le voyait.

Ils quittèrent le bord du ravin et se mirent à arpenter les rues, à la recherche de la victime. Pendant leur circuit, Júlio demanda pourquoi Índio voulait tuer João Baiano. Paraíba expliqua que le garimpeiro était un des neuf hommes qui travaillaient pour Índio. En échange d'un salaire mensuel de 10 000 cruzeiros – un peu plus que le salaire minimum de l'époque –, ces employés devaient remettre au patron tout ce qu'ils trouvaient. Après avoir découvert une pépite de trente grammes – qu'il pouvait vendre 27 000 cruzeiros –, João Baiano avait essayé de tricher. Sans rien dire à personne il avait gardé la pierre. Mais un de ses collègues s'en était aperçu et avait alerté leur chef.

– Mais ce n'est vraiment pas grand-chose à côté de tout ce qu'a Índio, dit Júlio à Paraíba.

– Le problème n'est pas là.

– Et il est où ?

– Le problème, c'est que ces trucs-là finissent par se savoir. Personne n'en parle, mais tout le monde sait ce qu'a fait João Baiano. Si le patron ne réagit pas, sa réputation sera fichue. Du coup, tous ceux qui travaillent pour lui se diront qu'ils peuvent lui voler de l'or et qu'il ne leur arrivera rien. C'est pour ça qu'on doit le tuer. Tu comprends ?

– Je comprends.

L'obscurité tombait, et les hommes sortaient du cratère pour prendre une douche. Il n'y avait pas d'eau courante dans les maisons. Ils se douchaient tous ensemble, par groupes de vingt ou trente, avec des tuyaux qui sortaient d'un puits artésien. Au fur et à mesure qu'ils se lavaient, une boue épaisse se répandait par terre. Leurs visages et leurs corps apparaissaient petit à petit, comme délivrés de cette croûte dégoûtante. Júlio ne comprenait pas comment ces hommes pouvaient avoir l'air aussi heureux. Tout en se douchant, ils chantaient, sifflaient et se souriaient. Ça devait être l'espoir de décrocher la timbale un jour, comme Índio. Paraíba demanda à un type en train de se sécher avec sa propre chemise s'il savait où était João Baiano.

– Il est sorti du ravin plus tôt, après le repas, répondit l'homme sans cesser de s'essuyer les cheveux. Il a dit qu'il avait mal au ventre et il n'est pas revenu.

Júlio et Paraíba regagnèrent la cabane d'Índio en début de soirée sans avoir trouvé João Baiano. Dans ces circonstances, il fut décidé que Júlio ferait le travail cette nuit-là. Bien que ne sachant pas à quoi ressemblait l'homme qu'il devrait tuer, il se laissa convaincre par son oncle et par Paraíba qu'il n'aurait aucun mal à l'identifier.

– João Baiano est un Noir costaud, au crâne rasé, d'à peu près un mètre soixante-dix, décrivit Paraíba. Il a une dent du haut en or, du côté gauche.

Júlio nota le tout dans son cahier et se relut plusieurs fois jusqu'à savoir par cœur chaque détail. Jusqu'à être capable de visualiser le type comme s'il l'avait devant lui. Paraíba dit qu'il trouverait João Baiano dans le bar installé à côté du bureau de la Caixa Econômica Federal où les garimpeiros vendaient leur or.

– Il y va tous les soirs pour manger quelque chose et jouer aux dominos, dit Paraíba.

– Et je fais quoi ? demanda Júlio.

– Ton boulot, gamin ! intervint Cícero d'une voix grave. Depuis quand tu as besoin qu'on te dise quoi faire ? Tu te pointes là-bas, tu trouves ce fumier et tu lui règles son compte.

– D'accord, répondit Júlio.

Il regardait son oncle mais s'étonnait qu'Índio ne dise absolument rien. Comme si l'homme qui les avait recrutés n'était pas là.

Toujours chez Índio, ils dînèrent d'un mélange de riz, de haricots et de viande sèche. D'une glacière en polystyrène, Índio sortit des bouteilles de Coca-Cola pour les visiteurs et dit qu'il aurait préféré boire de la bière mais que le major Curió – Sebastião Curió de Moura, une espèce de maire de Serra Pelada nommé par le président de la République de l'époque, João Baptista Figueiredo – avait interdit la consommation de boissons alcoolisées dans l'agglomération. Júlio apprécia de pouvoir savourer son soda préféré dans cette fournaise. Après le repas, Paraíba l'emmena devant le bureau de la Caixa Econômica Federal, qui fonctionnait comme tout le reste dans une baraque en bois, et lui montra le café où João Baiano avait ses habitudes. Júlio resta assis par terre dehors pendant que Paraíba entrait dans le café pour voir si Baiano y était. L'homme n'était pas encore arrivé, ce qui était bon signe.

– Je suis sûr qu'il ne va pas tarder, dit Paraíba.

Et il s'en alla.

Júlio ne quittait pas la salle des yeux. À une table en bois, quatre hommes jouaient aux dominos, assis sur des tabourets eux aussi en bois, pendant que d'autres assistaient à la partie debout. Le va-et-vient des clients était permanent. Il avait peur que João Baiano n'entre dans le café sans qu'il s'en aperçoive. Il portait un grand chapeau de paille pour cacher sa figure et deux chemises l'une sur l'autre. Après son crime, il enlèverait celle du dessus, qui était noire, et ne garderait que l'autre, une blanche à rayures bleues. Tout en attendant sa victime, il se demandait comment il ferait le boulot. Tuer un homme au milieu de toute cette foule aurait été idiot. Il allait devoir convaincre João Baiano de l'accompagner dans un coin tranquille. D'après ce qu'il avait vu de Serra Pelada, le meilleur endroit était le cratère d'où les garimpeiros remontaient leur or, à deux cents mètres environ des premières maisons. La nuit, le ravin était totalement désert. Il pourrait mettre une balle dans la tête du type, jeter son corps dans le trou et disparaître dans le noir.

Il était fatigué d'attendre et décida d'entrer dans le café. Il vérifia que son revolver était bien calé sous sa ceinture et s'approcha. Il entra et commanda un Coca-Cola. Il but une longue rasade au goulot et dit qu'il cherchait João Baiano.

– Mon gars, répondit l'homme qui venait de lui vendre le soda, il y a au moins dix João Baiano par ici. Rien que moi, j'en connais trois.

– Celui que je cherche est un Noir baraqué, un peu plus petit que moi. Il a le crâne rasé et une dent en or, dit Júlio en arrangeant son chapeau pour cacher ses traits.

– Ah, je sais qui c'est. Mais il n'est pas venu ici de la journée. Hé, les gars, quelqu'un a vu le Noir Baiano aujourd'hui ? cria le vendeur, sans que personne ne réponde positivement.

Décidé à trouver le type, Júlio quitta le café et commença à questionner tous les gens qu'il croisait dans la rue sur João Baiano. Jusqu'au moment où un monsieur aux cheveux blancs, en plus de dire qu'il connaissait le garimpeiro, le montra à Júlio.

– C'est ce gars, là-bas, tu vois ? dit le vieux en pointant le doigt sur un Noir costaud et presque chauve, qui marchait en leur tournant le dos.

– Où ça ?

– Là-bas. Le bonnet rouge et la chemise verte. Tu vois ?

– Oui, monsieur. Merci beaucoup.

Et Júlio se mit à courir après sa victime en tenant son chapeau de la main gauche et la crosse du revolver, coincé dans sa ceinture, de la droite. À une dizaine de mètres de João Baiano, il cessa de courir et se mit à marcher calmement. Il rattrapa l'homme en contrôlant sa respiration.

– Salut, camarade ! demanda-t-il en souriant. C'est bien toi, João Baiano ?

– Oui. Pourquoi ça ?

– J'ai envie de me faire faire une dent en or, et on m'a dit que tu savais qui pourrait faire ça pour moi.

– Rien de plus facile, mon gars. À Marabá, il y a des tas de dentistes qui font ça en trois coups de cuiller à pot.

– Tu en as une, pas vrai ?

– Une ? Non, trois.

Baiano ouvrit grand la bouche pour montrer ses dents dorées : deux à la mâchoire inférieure, une de chaque côté. La troisième était la canine droite du haut.

Cette dent était la preuve que Júlio avait trouvé le bon type. Il se rappelait clairement Paraíba lui parlant de la dent en or de João Baiano, en haut à droite. Maintenant, il n'avait plus qu'à le tuer. Pour ça, il avait besoin, avant tout, d'éloigner Baiano de toute cette agitation, car il y avait plein de monde. Il commença par dire qu'il venait d'arriver à Serra Pelada et demanda au garimpeiro de lui montrer la ville. Baiano dit qu'il avait marché toute la journée et qu'il rentrait se reposer chez lui. Júlio insista en lui demandant de l'emmener au moins à l'endroit d'où on tirait l'or.

João Baiano secoua la tête en éclatant de rire.

– Crevé comme je suis, je vais m'endormir avant d'arriver là-bas !

– Allez, on y va. Je voudrais au moins voir ça. Il y en a pour cinq minutes.

– Désolé, camarade. Si tu veux, je t'emmène là-bas demain. Mais pour le moment, je rentre chez moi.

– Alors dis-moi au moins où c'est, j'irai tout seul.

– D'accord. Je vais t'accompagner jusqu'à ce qu'on soit près du trou.

Pendant leur marche, Júlio et Baiano parlèrent du quotidien à la mine. La meilleure chose, expliqua le garimpeiro, c'était le cinéma. Tous les soirs vers 20 heures, des films pornos étaient projetés sur un grand écran installé au milieu de la rue. Comme les femmes étaient interdites d'accès à Serra Pelada, les séances rassemblaient jusqu'à trois mille spectateurs. Júlio était curieux de voir ça. Il n'avait plus couché avec une femme depuis deux mois. Le cinéma lui ferait peut-être du bien. À l'angle d'une rue peu fréquentée et sans éclairage, Baiano lui prit l'avant-bras gauche et dit :

– D'ici, tu n'as plus qu'à continuer tout droit et à prendre la deuxième à droite. Continue jusqu'au bout, et tu verras le trou de la mine.

Júlio retira son arme de sa ceinture et, sans la sortir de sa chemise, enfonça le canon dans l'abdomen de Baiano.

– Si tu ouvres la bouche, je te descends ici même.

– Qu'est-ce que c'est que ça, mon gars ?

– Ferme-la et emmène-moi jusqu'au ravin.

– Qu'est-ce qui te prend ? demanda Baiano d'une voix tremblante.

– Si tu m'emmènes là-bas, je te promets que tout se passera bien. Mais ne dis plus rien. Si j'entends encore ta voix, je te farcis le bide de plomb.

Ils marchèrent cinq ou six cents mètres, côte à côte, pour arriver au bord du cratère. Júlio entendait les sanglots étouffés de Baiano. Pour la première fois, il regarda avec attention les traits de l'homme qu'il était sur le point de tuer. Il trouva que Baiano était beaucoup plus jeune qu'il ne l'aurait cru. Il avait un visage encore imberbe et lisse, un nez camus et de très grands yeux. Júlio lui demanda son âge. Baiano dit qu'il venait d'avoir dix-neuf ans. C'était un gamin. Mais Júlio était déterminé à ne pas ressentir de pitié. Il avait déjà assassiné des gens bien plus jeunes. En 1978, il avait tué un gosse de treize ans – sa plus jeune victime – à la demande d'un fazendeiro de Paragominas, dans le Pará, qui voulait forcer un couple de travailleurs esclaves en fuite à revenir sur ses terres. Le gosse était le fils de ce couple. Au cas où l'homme et la femme ne retourneraient pas en esclavage, le fazendeiro menaçait de faire tuer leurs trois autres enfants. La froideur avec laquelle il avait mis une balle dans la tête de ce gamin de treize ans pendant qu'il jouait au ballon dans la rue, Júlio l'aurait aussi pour liquider Baiano. Il ordonna au garimpeiro de faire deux pas en direction du ravin.

– S'il te plaît, ne me tue pas. Je n'ai rien fait, répéta deux ou trois fois Baiano, avec des hoquets dans la voix.

– Ferme-la, mec. Je ne vais pas te tuer, répondit Júlio en ôtant sa chemise noire pour ne garder que celle du dessous, la blanche à rayures bleues.

Il commanda à Baiano de marcher jusqu'au bord du cratère et approcha le canon du revolver de sa tête, à une vingtaine de centimètres. Il appuya sur la détente. Le coup de feu résonna dans le trou comme une bombe. Júlio vit le corps du garimpeiro dégringoler dans le ravin et partit en courant dans le noir. Il fourra sa chemise noire à l'intérieur de son pantalon, jeta le plus loin possible son chapeau de paille. Il ne s'arrêta que quand les muscles de ses jambes furent carbonisés de fatigue. Il pensait avoir parcouru deux kilomètres. Il était trempé de sueur, au milieu de nulle part. D'un côté, la forêt dense. De l'autre, les quelques lumières qui éclairaient la nuit chaude – Serra Pelada était alimentée en électricité par des générateurs au diesel. Il s'assit par terre et attendit d'avoir récupéré.

Il revint vers la ville en marchant comme si de rien n'était. Mais il était nerveux, et son cœur battait vite. Il avait peur que quelqu'un ne l'ait vu courir au moment où il avait tué João Baiano. À cause des disputes pour l'or, il y avait plus de policiers à Serra Pelada que dans beaucoup de villes de la région. Il craignait beaucoup d'être arrêté. Son abattement augmenta encore quand il rejoignit l'agglomération et s'aperçut qu'il ne savait pas où était la cabane d'Índio, où il devait retourner une fois son boulot terminé. Il ne pouvait pas demander à quelqu'un où vivait l'homme qui l'avait engagé. Ça risquait d'éveiller les soupçons. Il passa un quart d'heure, vingt minutes à errer, perdu, dans les rues en terre. Il marchait les yeux rivés au sol, craignant d'être reconnu. Il ne remarqua aucune agitation particulière. Apparemment, le crime n'avait pas encore été découvert. Il passa devant le bureau de la Caixa Econômica Federal. Il savait maintenant où il était. Retrouver le chemin de la maison d'Índio serait facile.

En y arrivant, il découvrit son oncle Cícero, Paraíba et Índio en train de parler avec animation devant la cabane.

Tous étaient assis sur un tabouret, une cigarette à la bouche.

– Ah, enfin le revoilà ! dit Cícero en souriant.

– Alors, mon gars, le travail est fait ? demanda Paraíba.

– Oui. Je l'ai expédié en enfer, répondit Júlio en se forçant à avoir l'air joyeux.

– Bien joué, dit Cícero en se levant pour féliciter son neveu d'une accolade.

Índio, qui restait silencieux, attrapa un tabouret près de la porte et le lança aux pieds de Júlio, qui dut faire un bond en arrière pour l'éviter. Il lui ordonna de s'asseoir et de raconter comment il avait tué João Baiano. Tout en étanchant sa soif avec une bouteille de Coca, Júlio relata l'épisode avec un grand luxe de détails, en se vantant d'avoir eu la bonne idée d'entraîner sa victime jusqu'au cratère de la mine.

– Et le corps de Baiano est là-bas, au fond du trou ? interrogea Índio.

– Oui. Après avoir tiré, je l'ai vu tomber dans le ravin et je me suis barré à toute vitesse.

Índio se leva et commença à marcher en long et en large devant la cabane, en passant nerveusement les doigts dans ses cheveux noirs et lisses. Personne n'osait dire quoi que ce soit. Júlio avait envie de demander quel était le problème, mais préféra se taire. Índio s'éloigna de trois mètres et tourna le dos à Cícero, Júlio et Paraíba. Il croisa les bras et, regardant vers les broussailles, dit d'une voix calme :

– Vous allez devoir descendre dans le ravin et sortir son corps de là.

– Maintenant ? demanda Paraíba.

– Non. Dans un mois. Évidemment que c'est maintenant, mec ! cria Índio sans se retourner.

– Mais pourquoi ? demanda Júlio.

Índio fit volte-face et, avec un regard qui fit peur à Júlio, dit qu'il risquait d'avoir des problèmes si João Baiano restait au fond du cratère. Le cadavre serait retrouvé le lendemain matin, avec une balle dans la tête, et le major Curió chargerait sûrement la police de découvrir qui avait tué cet homme. Même s'il croyait que l'enquête ne donnerait rien, Índio ne voulait pas prendre le risque de voir son nom associé à l'assassinat.

– C'est pour ça que vous devez y aller tout de suite, sortir le corps du ravin et le transporter loin d'ici, dans un endroit isolé, dit-il.

– Et comment on va faire ça, patron ? demanda Paraíba.

– Prenez le pick-up et mettez le mort dedans, répondit Índio en sortant d'une poche les clés de son F1000. Ensuite, allez jusqu'à la rivière et jetez ce connard à la flotte.

Cícero restait assis sans rien dire. Júlio n'apprécia pas la façon dont son oncle se débinait, sans même offrir de les aider à récupérer le cadavre. Cinq minutes plus tard, Paraíba et lui garaient le pick-up au bord du cratère. Ils descendirent dans le ravin avec précaution, seulement éclairés par la lanterne que tenait Paraíba. C'était la première fois que Júlio se retrouvait là, au cœur de la plus grande mine d'or à ciel ouvert du monde. Ils marchaient en zigzag. Le trou n'en finissait pas. À une dizaine de mètres du fond, Paraíba repéra une forme sur le sol boueux. C'était le corps de João Baiano. Le cadavre était à plat ventre. Il avait les traits défigurés et une fracture ouverte à l'avant-bras droit. Sa tête baignait dans une flaque rouge foncé qui grandissait dans la boue.

Paraíba attrapa le corps par les poignets et Júlio par les chevilles. Ils n'étaient pas remontés de vingt mètres que l'os du bras fracturé de João Baiano se cassa en deux. Le crac effraya Júlio, qui laissa tomber le cadavre. Il fut pris d'une nausée lancinante. Il plissa les yeux, pinça les lèvres et raffermit sa prise. Ils poursuivirent leur montée, Paraíba tenant maintenant le mort par les aisselles et sa lanterne entre les dents. La chaleur était intense. Leur fatigue aussi. Júlio sentait la sueur couler de son front, mais ne voulait pas passer sa main salie par la boue et le corps froid de Baiano sur son visage. À cinq mètres du sommet, Paraíba s'arrêta pour voir s'il n'y avait personne dans les parages.

Tout était tranquille. Ils accélérèrent le pas et chargèrent le cadavre dans le pick-up. Après avoir roulé trente ou quarante minutes sur une piste au milieu de la forêt, ils arrivèrent au bord du Rio Parauapebas. Ils enlevèrent leurs vêtements et entrèrent dans la rivière en portant le corps de Baiano. Avec de l'eau tiède jusqu'à la taille, ils lâchèrent le défunt, qui fut emporté par le courant. Ils en profitèrent pour se laver et se reposer un peu. De retour chez Índio, ils trouvèrent celui-ci seul, couché dans son hamac. Cícero était sorti tuer une de ses victimes.

– Ton oncle ne reviendra que demain, dit Índio. Tu peux dormir ici ou chez Paraíba.

– Je crois que je vais aller chez Paraíba, répondit Júlio.

Le lendemain matin, il fut réveillé par les coups de pied rageurs d'Índio dans la porte en bois de la cabane de Paraíba. L'homme était hors de lui. On aurait dit un possédé avec ses yeux qui semblaient prêts à lui gicler du visage. Quand Júlio se leva de son hamac, Paraíba était déjà devant son patron, les mains nouées dans le dos et le regard baissé. Il s'approcha.

– Comment est-ce que vous avez pu merder comme ça ? gronda Índio, les dents serrées.

– Je ne comprends pas, dit Paraíba sans lever la tête. Ce n'est pas possible.

– Qu'est-ce qui se passe ? demanda Júlio.

– Tu n'as pas tué le bon mec, voilà ce qui se passe, dit Índio en secouant la tête. Rien que ça !

– Ce n'est pas possible.

– Oh que si ! La preuve, João Baiano est à la mine, plus vivant que jamais.

– Qui a dit ça ?

– Personne. Je l'ai vu ! cria Índio, les poings serrés, en fusillant Júlio du regard. Un tueur de merde ! Voilà ce que tu es !

Jamais Júlio ne s'était senti aussi humilié. Il travaillait déjà comme pistolero depuis huit ans et n'avait pas une seule fois eu ce genre de problème. Être traité de “tueur de merde" était le pire affront qu'il ait entendu de sa vie. Mais il devait l'avaler. Índio n'aurait pas dit que João Baiano était toujours vivant s'il n'en avait pas été sûr. Il porta la main droite devant sa bouche, sans savoir que dire. Il fit, pour la première fois, un geste qui l'accompagnerait toute sa vie, comme un tic nerveux. Il se pinça l'arête du nez entre le pouce et l'index droits puis les écarta lentement, comme pour se lisser les sourcils. Il répéta le mouvement d'innombrables fois tout en cherchant une solution au problème. Une chose était sûre : il allait devoir tuer João Baiano – le vrai. Il promit à Índio que Baiano ne passerait pas la journée.

– Vous m'avez payé pour tuer João Baiano, dit-il. Et je vais le faire.

– Encore heureux, répondit Índio. Mais, cette fois, essaie de ne pas te tromper de mec.

Júlio demanda à Paraíba de le ramener au bord de la mine et de lui montrer l'homme qu'il devait liquider. Pendant leur marche vers le cratère, il repensa à ce qu'il avait fait la veille au soir. Il avait tué un pauvre bougre qui n'avait rien à voir avec l'or volé à Índio. Qui était ce jeune homme ? Il avait une femme et des enfants ? Probablement pas. Il était trop jeune pour ça. Il venait d'avoir dix-neuf ans. Júlio n'avait jamais connu une situation comme celle-là. Tuer quelqu'un par erreur était quelque chose de terrible. Les gens qui l'engageaient avaient toujours une raison de vouloir la mort de ses victimes. Mais ce gamin qu'il venait d'assassiner n'avait fait de mal à personne. En tout cas, pas à sa connaissance. Il n'arrivait pas à s'y faire. Il ne comprenait toujours pas où il s'était trompé. Il découvrit sa faute en discutant avec Paraíba. Le João Baiano qu'il aurait dû tuer avait une canine en or du côté gauche, alors que celle du João Baiano de la veille était du côté droit. Pour le reste, le signalement des deux hommes était exactement le même : noir, costaud, un mètre soixante-dix environ. À cet instant, Júlio reconnut son erreur : il avait tué un innocent à cause d'une simple faute d'inattention. Une tristesse profonde lui serrait le cœur. Il était en colère contre lui-même. Comment avait-il pu faire une gaffe aussi absurde ? Índio avait eu cent fois raison de le traiter de “tueur de merde”. Il allait utiliser cette colère pour liquider en vitesse le bon João Baiano.

Paraíba lui indiqua, à mi-pente du cratère, un homme qui montait une échelle de bois avec un énorme sac de toile sur les épaules et dit :

– C'est lui.

Le corps de Baiano était couvert de cette boue grisâtre. Même son visage était sale. Júlio ne voulait pas répéter son erreur. Il attendit que Baiano arrive en haut du trou et s'approcha. En prétextant qu'il cherchait du travail, il engagea la conversation avec le garimpeiro. L'échange fut court. Baiano dit juste qu'il ne savait pas qui pourrait l'embaucher et reprit sa marche. Ce fut suffisant pour que Júlio mémorise la physionomie de sa victime. Il reconnaîtrait ce visage n'importe où. Il s'acheta quatre sandwichs au fromage et deux bouteilles de Coca-Cola et passa le reste de la journée au bord du cratère. Il ne quittait pas des yeux João Baiano, qui continuait à travailler sans se rendre compte qu'il était observé. Après son service, Baiano se lava au milieu de la rue avec un des tuyaux et rentra chez lui. Júlio le suivit à une quarantaine de mètres de distance. Il vit où Baiano habitait – une cabane en bois couverte d'une bâche en plastique – et retourna chez Paraíba. La nuit tombait. La porte était ouverte, mais il n'y avait personne. Il s'installa dans un hamac et essaya de se reposer. Alors seulement, il s'aperçut qu'il n'avait pas demandé à Dieu de lui pardonner le meurtre du mauvais João Baiano. Il s'étira dans le hamac et récita ses dix *Je vous salue Marie* et ses vingt *Notre Père.* Maintenant, croyait-il, il allait pouvoir dormir. Il fut réveillé deux heures plus tard par Paraíba, qui secouait son hamac.

– Le patron veut savoir si tu as déjà effacé le mec.

– Pas encore, répondit Júlio sans se lever, en refermant les yeux.

– C'est quoi ce calme, mon gars ? Comment tu peux dormir alors que le boulot n'est pas fait ?

– Tout va bien, Paraíba. Tu peux dire à ton chef que je vais faire ce que j'ai dit. Ce João Baiano ne passera pas la nuit. J'ai juste besoin que tu me trouves un couteau bien aiguisé.

– Tu as raison, il vaut mieux le tuer au couteau.

– Pourquoi ?

– Parce que les revolvers sont interdits à Serra Pelada. Si Baiano est retrouvé mort par balle, la police va s'agiter comme pas permis pour savoir ce qui s'est passé. Alors qu'un meurtre au couteau, c'est plus banal.

– Comment mon oncle a pu entrer ici avec deux revolvers si c'est interdit ?

– J'avais arrangé le coup d'avance avec le chef des flics chargés de la fouille. Je lui ai donné quelques billets avant votre arrivée, et Cícero a pu passer sans qu'on mette le nez dans ses affaires.

– Je comprends.

Et Júlio se rendormit en se plaignant d'un mal de tête. Mais avant cela, il demanda à Paraíba de le réveiller à 1 heure du matin.

Il se leva en forme. Il se débarbouilla à l'eau d'un seau derrière la cabane, enfila deux chemises – la noire sur une blanche – et emprunta une casquette à Paraíba. Il prit une pleine poignée de *farofa* aux œufs qu'il vit dans une casserole et sortit pour une nouvelle nuit de boulot. Il était sûr de ce qu'il ferait. Tellement qu'il n'emporta même pas son revolver. Seulement le couteau de Paraíba, grand comme son avant-bras, passé sous la ceinture de son jean US Top. La lame était si longue qu'il avait du mal à marcher. On aurait dit qu'il boitait de la jambe droite. Les rues de la ville étaient désertes. Tant mieux. Il n'aurait pas besoin de faire des efforts pour passer inaperçu. Le plus gênant pour le moment était de porter deux chemises sous cette chaleur insupportable.

En arrivant devant chez João Baiano, il n'en crut pas ses yeux. Ça ne pouvait pas être aussi facile. Le garimpeiro dormait devant la cabane, dans un hamac. Júlio fit comme s'il passait par là et ne s'arrêta pas. Il marcha cinquante mètres de plus et revint sur ses pas en balayant la rue du regard. Il n'y avait pas âme qui vive. Il s'arrêta à un demi-mètre de João Baiano. L'homme ronflait comme un porc. Il dormait sur le dos, la bouche ouverte, le ventre à l'air et les bras croisés sur la poitrine. Júlio regarda bien son visage. Il ne prendrait pas le risque de se tromper une deuxième fois. Il n'y avait aucun doute. Ce type était celui que lui avait montré Paraíba à la mine. Mais, par précaution, il voulut voir la canine en or de la mâchoire supérieure de João Baiano. Les mains sur les genoux, il se pencha sur le hamac. Ce fut tout juste s'il ne mit pas le visage dans sa bouche. La dent dorée était bien là. Du côté gauche. Il sortit le couteau de sa ceinture. Il allait trancher la gorge de sa victime quand il se souvint d'une des règles que lui avait apprises son oncle : ne jamais tuer une personne qui dormait.

Il ne savait pas quoi faire. Réveiller Baiano avant de le tuer ? Ça paraissait ridicule. Baiano essaierait forcément de se défendre. Peut-être même qu'il crierait, ce qui attirerait l'attention des occupants des baraques voisines. Júlio enleva sa chemise noire et la prit dans la main gauche. Il passa un pied au-dessus du hamac pour que le corps du garimpeiro se retrouve entre ses jambes. D'un seul mouvement, il s'assit sur le ventre de Baiano et lui enfonça sa chemise dans la bouche pour l'empêcher de crier. L'homme se réveilla en sursaut, les yeux écarquillés. Il tenta de toutes ses forces de se redresser mais n'y arriva pas. Il ne se calma que quand Júlio eut plaqué le tranchant du couteau contre son cou et lui ordonna de ne plus bouger.

– À cause de toi, j'ai tué un pauvre bougre.

Baiano secouait la tête en marmonnant, comme pour supplier Júlio de le laisser en vie.

– À cause de toi, j'ai été traité de tueur de merde.

Et Júlio l'égorgea d'un coup de lame.

Une giclée de sang lui éclaboussa la poitrine et inonda ses mains. S'il avait su, il aurait planté le couteau dans le ventre de Baiano comme il l'avait fait avec Amarelo, le premier homme qu'il avait tué de sa vie. Il retira le hamac de ses crochets et enveloppa le cadavre dedans. En évitant de faire du bruit, il le transporta à l'intérieur de la baraque. Il laissa le défunt adossé contre une cloison, à gauche de l'entrée. Il ferma le loquet de la porte et sortit en sautant par la fenêtre, qu'il referma avant de s'en aller. Il se sentait étrangement heureux. Fier. Plus personne ne le traiterait jamais de tueur de merde. Il était tellement satisfait de ce qu'il venait de faire qu'il ne pensa même pas à prier pour demander pardon. Le lendemain, son oncle et lui rentrèrent à Imperatriz. Le corps de Baiano ne serait retrouvé que trois jours après l'assassinat – comme Cícero le raconterait à Júlio –, à cause de la mauvaise odeur qui s'échappait de sa maison. Comme il n'y avait aucun indice capable de désigner l'auteur du crime, la mort de João Baiano fut classée comme suicide.

Ce ne fut qu'en se rappelant cet épisode, assis sur son canapé, que Júlio Santana s'aperçut que le nom de João Baiano représentait non pas un, mais deux meurtres dans son cahier de notes. Un détail important pour le comptage qu'il faisait. Chaque page qu'il tournait lui remettait en mémoire d'autres crimes commis par lui. C'étaient des hommes, des femmes et des enfants dont il avait pris la vie pour de l'argent. Les enfants étaient minoritaires. Il n'en avait tué que quatre de moins de seize ans. Ses victimes femmes étaient au nombre de cinquante-neuf. La plupart avaient été assassinées à la demande de leurs maris, qui se croyaient trompés. Quand il eut terminé de compter ses homicides, Júlio découvrit qu'il avait tué quatre cent vingt-quatre hommes. Au total, il portait quatre cent quatre-vingt-sept morts sur ses épaules. Et ce sans compter les trois personnes tuées avant 1974, l'année où il avait entrepris de noter ses boulots dans ce cahier.

Júlio embrassa à nouveau toute la maison du regard et se demanda si cela avait valu la peine de tuer autant de gens. Il ne vivait plus dans un hameau fluvial comme au temps de son enfance. Il habitait maintenant dans le centre urbain de Porto Franco. La ville ne ressemblait plus beaucoup à celle près de laquelle il avait grandi et vécu jusqu'à ses dix-huit ans : au début des années 1970, Porto Franco comptait environ 1 500 habitants ; en avril 2006, ils étaient 18 000. La plupart des rues restaient en terre. Mais les principales avaient été goudronnées. Il vivait dans des conditions bien meilleures que quand il était enfant. Mais il ne s'était pas enrichi comme il avait cru que ça arriverait quand il avait décidé de devenir tueur professionnel. Tout en réfléchissant, il feuilletait son cahier. Sur une page, il vit un grand "X" dans le coin supérieur droit. Il savait parfaitement ce que ce signe représentait. C'était celui de la rupture entre son oncle Cícero et lui. Le symbole de la fin d'une amitié qu'il pensait éternelle. Tout ça à cause de cette saleté d'argent.

À gauche du X, il lut :

> TUER NATIVO DA NATIVIDADE (PRÉSIDENT DU SYNDICAT DES TRAVAILLEURS RURAUX)
> À : CARMO DO RIO VERDE, GOIÁS
> COMMANDITAIRE : ROBERTO PASCOAL (MAIRE)
> DÉPART : 22 OCTOBRE
> CONTACT EN VILLE : GENÉSIO
> PAIEMENT : 2 MILLIONS DE CRUZEIROS

C'était en 1985. Júlio était déjà marié et avait quitté la maison de Cícero, à Imperatriz, pour s'installer à Porto Franco avec sa femme un an plus tôt. Mais l'amitié qui unissait les deux hommes restait forte. En plus de leurs liens familiaux, ils continuaient à travailler ensemble. C'était de Cícero que Júlio recevait les boulots qu'il devait faire. Son oncle était une espèce d'intermédiaire entre les commanditaires des crimes et lui. Il se passait rarement un mois sans qu'il tue quelqu'un. À certaines occasions, il participait à l'assassinat de plusieurs personnes à la fois, comme le jour de juin 1987 où il avait commandé le massacre de six agriculteurs à Pimenta Bueno, dans l'État du Rondônia.

La femme de Júlio détestait Cícero. Elle disait que c'était de sa faute si son mari menait cette horrible vie de tueur. Júlio le défendait toujours. Il disait qu'il était devenu pistolero de lui-même. Il voulait gagner de l'argent et vivre de grandes aventures. Son oncle n'avait fait que l'aider à faire ce dont il avait envie. Cette discussion revenait sur le tapis chaque fois que Cícero venait lui confier un nouveau travail. Ce qui fut ce qui se passa ce mercredi après-midi là, le 16 octobre 1985. Comme ils le faisaient toujours quand ils allaient parler affaires, Júlio et son oncle marchèrent environ deux kilomètres, jusqu'au bord du Rio Tocantins. En moins de dix minutes, Cícero donna toutes les informations à son neveu. Il devrait tuer Nativo da Natividade, le président du Syndicat des travailleurs ruraux de Carmo do Rio Verde, dans les profondeurs de l'État du Goiás. Le commanditaire du meurtre était le maire de la ville, Roberto Pascoal, qui se disait gêné par l'influence politique de Nativo dans la région et, surtout, à cause des rumeurs selon lesquelles il se présenterait aux élections municipales de 1988. Quand il avait contacté Cícero, Pascoal avait dit qu'il voulait éliminer Nativo avant que celui-ci ait encore gagné en force et en rayonnement.

Tout était déjà organisé. Júlio prendrait un avion d'Imperatriz à Brasília le 22 octobre au matin, un mardi. À l'aéroport de la capitale fédérale, un certain Genésio l'attendrait et le conduirait en voiture jusqu'à Carmo do Rio Verde, à deux cent cinquante kilomètres. Une fois sur place, Júlio aurait tout le temps qu'il trouverait nécessaire pour éliminer Nativo da Natividade. Pour son travail, il toucherait 2 millions de cruzeiros – un peu plus de trois fois le salaire minimum de l'époque, qui était de 600 000 cruzeiros. Júlio trouva que c'était peu. Il voulait plus. Mais son oncle répondit qu'il avait déjà essayé de négocier avec le maire et que c'était tout ce qu'il avait pu obtenir.

– En plus de ça, gagner 2 millions de cruzeiros pour un jour ou deux de boulot, ce n'est pas mal. Il y a plein de gens qui ne gagnent pas ça en un mois, fit remarquer Cícero, répétant l'argument qu'il répétait chaque fois que son neveu se plaignait de ne pas être assez payé.

Le voyage d'Imperatriz à Brasília fut bien plus tranquille que Júlio ne s'y attendait. C'était la première fois qu'il prenait l'avion. Quand il découvrit la jungle amazonienne vue du ciel, la peur et la nervosité qu'il avait ressenties au décollage furent effacées par une forte fascination. Le Rio Tocantins qui serpentait dans la forêt et cette immensité d'arbres étaient la plus belle chose qu'il ait jamais vue. D'aussi haut, les maisons d'Imperatriz ressemblaient à des jouets. Il colla le nez au hublot de l'avion et se rappela son enfance heureuse et paisible. Une époque bénie où il passait son temps à nager dans les eaux boueuses du Tocantins, à se promener dans la végétation touffue et à chasser des animaux pour nourrir sa famille. Ça, oui, c'était une vie. Pas celle de maintenant, qu'il passait à tuer des gens. Mais il avait déjà trente et un ans et ne savait rien faire d'autre.

En débarquant à Brasília, il vit un homme à la peau claire et aux cheveux grisonnants d'environ un mètre soixante-dix lever une feuille de papier sur laquelle était écrit "Jorge" au stylo – comme à Serra Pelada, Júlio avait pris pour pseudonyme le prénom de son père. Il se présenta au type, qui confirma être le Genésio dont lui avait parlé Cícero. Ils montèrent dans la voiture de Genésio – une Belina rouge – et partirent pour Carmo do Rio Verde. Le voyage dura six heures, en comptant la pause déjeuner dans un restaurant routier. Genésio n'était pas bavard. Les rares fois où il parla, ce fut pour dire qu'il ne comprenait pas que le maire ait fait venir un pistolero du Maranhão pour tuer Nativo.

– J'aurais très bien pu faire ça moi-même, dit-il pendant le repas.

– Et pourquoi vous ne l'avez pas fait ? demanda Júlio.

– Le maire a dit qu'il valait mieux faire venir un tueur d'ailleurs, pour éviter les soupçons.

– Je pense qu'il a raison.

– Peut-être. Mais ça ne m'aurait pas déplu d'empocher ce que vous avez gagné pour tuer Nativo.

– Je n'ai pas encore été payé.

– Comment ça ? Le maire m'a dit qu'il avait réglé d'avance.

– C'est vrai. Mais il a donné l'argent au type avec qui je travaille. Moi, je ne serai payé qu'après mon retour à Imperatriz.

Ils arrivèrent à Carmo do Rio Verde vers 17 heures et se rendirent aussitôt chez Genésio, qui voulait se reposer du voyage. Júlio dit qu'il n'avait pas de temps à perdre et qu'il souhaitait voir où habitait Nativo et où était le Syndicat des travailleurs ruraux. Genésio répondit qu'il n'avait pas à s'inquiéter. Tout était prêt. Une demi-heure plus tard, une Coccinelle bleue s'arrêta devant la maison. Au volant, un jeune homme noir et maigre, qui se présenta à Júlio sous le nom de Pelé. Ils roulèrent jusqu'au siège du syndicat et virent la Coccinelle beige de Nativo garée dans la rue en terre. La maison du syndicaliste était à environ deux kilomètres de là. En discutant avec Pelé, Júlio apprit que Nativo avait trente-trois ans, était marié et père de deux jeunes enfants. Très rangé, il ne sortait de chez lui que pour rejoindre le syndicat ou participer à des réunions d'agriculteurs. Quand il eut ces informations, Júlio décida que l'idéal serait de le tuer quand il rentrerait du travail. Il allait assassiner le syndicaliste au moment exact où l'homme se garerait devant chez lui. Et il voulait faire ça le soir même.

Pelé le ramena chez Genésio, qui lui expliqua que son voyage de retour était déjà programmé. Après avoir tué Nativo, Júlio serait emmené à Brasília dans une ambulance de la municipalité et prendrait le premier car pour Imperatriz. Avant qu'il ait pu poser la question, Genésio dit que ce retour en car était une décision du maire, qui voulait faire des économies. Invité à dîner, Júlio refusa en disant qu'il devait être devant chez Nativo avant son retour. Pelé le déposa sur place et s'en alla. Júlio attendit, assis par terre, à une cinquantaine de mètres de la maison de sa victime. Il était presque 19 heures quand la voiture du syndicaliste apparut au coin de la rue. Júlio enfonça son chapeau de paille pour cacher son visage et se leva. Il s'avança sans se presser, du côté opposé de la rue, vers la maison de Nativo. Il sortit son revolver de sa ceinture au moment où la voiture s'arrêtait. Il était encore à une vingtaine de mètres de l'homme. Mais il voulait se rapprocher encore pour être sûr de le toucher à la tête. Le syndicaliste avait l'air détendu. Il ne se doutait pas du tout qu'il était sur le point de mourir.

Nativo marchait tranquillement en direction de la porte de chez lui. De l'autre côté de la rue, à une dizaine de mètres, Júlio pointa son revolver sur lui. Il allait presser la détente quand il vit une fillette de cinq ou six ans ouvrir la porte et courir en souriant vers son père. Il n'aurait pas le courage de tuer un homme sous les yeux de sa propre fille. Immédiatement, il baissa le bras. Le syndicaliste s'accroupit et prit la petite dans ses bras. Júlio les vit échanger des bisous juste avant d'entrer. Décidé à assassiner Nativo ce soir-là, il attendit encore une heure devant la maison, en espérant qu'il ressortirait. Mais il ne se passa rien. Il finit par rentrer, à pied, chez Genésio, à qui il raconta ce qui s'était passé.

– Mais je l'aurai demain, d'une manière ou d'une autre. Vous pouvez compter dessus.

Il passa tout ce mercredi-là, le 23 octobre 1985, dans la Coccinelle bleue, aux côtés de Pelé, à suivre Nativo da Natividade. À 8h30, l'homme quitta sa maison et se rendit directement au siège du Syndicat des travailleurs ruraux de Carmo do Rio Verde, d'où il ne ressortit même pas pour déjeuner. Il rentra chez lui à 18h20. Si Júlio ne le tua pas à ce moment-là, ce fut uniquement parce qu'un groupe de gamins jouait au ballon dans la rue. Il ne voulait pas de témoins de son crime. Pelé se gara au coin de la rue. L'idée de Júlio était d'attendre que les gosses aient fini de jouer pour frapper à la porte de Nativo. Dès que l'homme lui ouvrirait, il se prendrait une balle dans la tête. La partie se termina vite, mais les gamins restèrent assis dans la rue, juste devant la maison du syndicaliste. Ce boulot se révélait beaucoup plus compliqué que Júlio ne s'y attendait. Du pouce et de l'index de la main droite, il se lissa les sourcils en se demandant jusqu'à quand il allait devoir attendre que cette marmaille parte de là.

Pelé ouvrit un paquet de biscuits qu'ils avaient acheté pour tromper la faim. Avant même que Júlio porte le premier à sa bouche, Nativo sortit de chez lui, une sacoche à la main, et monta dans sa voiture. Ils le filèrent à une centaine de mètres de distance, tous feux éteints. Cinq minutes après, la Coccinelle beige s'arrêta devant le siège du syndicat. La rue était déserte. C'était le moment. Júlio mit son chapeau de paille sur sa tête, retira le revolver de sa ceinture et sortit d'un bond de la voiture de Pelé. Pendant qu'il courait, son chapeau s'envola.

Et puis merde, pensa-t-il, tant pis pour le chapeau !

Il atteignit la portière de Nativo avant que celui-ci soit descendu. Il pointa son arme sur la tête du syndicaliste. L'homme réagit en lui attrapant le bras droit à deux mains. Júlio appuya quatre fois sur la détente – l'autopsie du cadavre retrouverait trois orifices d'entrée au thorax et un au cou. Il ne cessa de tirer que quand il eut la certitude que Nativo était mort (en 1996, onze ans après les faits, le maire Roberto Pascoal fut jugé en tant qu'auteur intellectuel du crime, et acquitté). Il regarda sur les côtés et ne vit personne dans la rue. Pelé avait déjà arrêté sa Coccinelle à sa hauteur. Avant de monter dedans, Júlio eut le temps d'aller ramasser son chapeau. Pelé était terrifié.

– Seigneur Dieu ! Quelle horreur !

– Comment ça ? Tu ne savais pas que j'allais le tuer ?

– Si. Mais je n'avais jamais vu un truc pareil de mes yeux.

– Il y a un début à tout, dit Júlio, et il demanda à Pelé de le ramener chez Genésio.

Un quart d'heure plus tard, l'ambulance de la municipalité arriva pour l'emmener à Brasília. Au moment des adieux, Genésio dit quelque chose qui allait l'éloigner pour toujours de son oncle Cícero.

– Dieu vous accompagne, l'ami. Vous avez fait du très bon travail.

– Merci, Genésio.

– Je crois que, maintenant, je suis d'accord avec le maire. Vous avez bien mérité ces 6 millions.

– 6 millions ? sourit Júlio, croyant que Genésio plaisantait.

– Ce n'est pas ce que vous avez reçu ?

– J'aimerais bien. J'en ai touché 2.

– C'est quoi, cette histoire ? C'est moi qui me suis occupé de tout pour le maire. Il a payé 6 millions de cruzeiros pour le meurtre de Nativo.

– Vous êtes sûr, Genésio ?

– Évidemment ! J'ai l'impression qu'il y a quelqu'un qui se fait de l'argent facile sur votre dos.

– Ça se pourrait.

– Mais montez vite dans l'ambulance, avant que le corps de ce fumier soit retrouvé et que le cirque commence.

Júlio était tellement secoué par l'idée que son oncle le roulait qu'il eut mal au cœur pendant tout le trajet entre Carmo do Rio Verde et Brasília. Il n'arrivait pas à y croire. Si Cícero s'était conduit comme ça dans le cas de Nativo, il devait faire pareil pour tous les autres boulots qu'il lui confiait. À la limite, Júlio pouvait comprendre que son oncle prenne une commission sur les assassinats dont il s'occupait, vu que c'était lui qui traitait avec les clients. Mais il aurait fallu que ça se fasse ouvertement, en confiance, sans mensonges. En plus, ça n'avait pas de sens que Júlio prenne tous les risques et porte tant de meurtres sur les épaules alors que Cícero touchait le gros de l'argent. Même s'ils avaient fait moitié-moitié, il aurait trouvé ça injuste. C'était encore pire si ce que Genésio venait de lui dire était vrai. Il allait toucher 2 millions alors que son oncle en empocherait 4. Il se sentit encore plus blessé en se rappelant qu'il avait dit à Cícero qu'il trouvait que ce n'était pas assez payé pour tuer le président d'un syndicat d'agriculteurs – selon le barème des tueurs à gages, l'assassinat d'un syndicaliste influent est un de ceux qui coûtent le plus cher. Mais Cícero avait répondu que c'était à prendre ou à laisser, et point final. Il voulait affronter son oncle dès que possible pour lui jeter tout ça à la figure.

Il n'arriverait à Imperatriz que vingt-quatre heures après son départ de Brasília. Le matin de ce vendredi matin, il alla directement de la gare routière à la maison de son oncle. Il le trouva allongé sur le canapé, en train de regarder la télé.

– Tu n'es pas à la caserne aujourd'hui, tio ? demanda-t-il.

– Nan. Je suis en congé.

– Tu passes ta vie en congé.

– Qu'est-ce qui t'arrive, mon gars ? dit Cícero sans se lever du canapé. Qu'est-ce que c'est que cette tête ?

– J'ai toujours cru que tu étais mon ami.

– Qu'est-ce que tu racontes ?

– Je croyais que tu m'aimais bien, que je pouvais te faire confiance.

Cícero s'assit et demanda ce qui s'était passé. Júlio répondit qu'il savait déjà que son oncle lui mentait pour garder le gros de l'argent encaissé sur les boulots qu'il faisait. Cícero nia autant qu'il put. Il dit à son neveu qu'il l'aimait comme un fils et que jamais il ne le tromperait, et encore moins sur les questions d'argent. Mais Júlio savait que ce n'étaient que des mensonges.

– Tu aurais quand même l'air moins minable si tu me disais la vérité et si tu t'excusais.

– Tu as vu comment tu me parles !

– Je t'emmerde, tio. Tu ne vaux rien. Tu ne vaux rien !

– Julão…

– Il n'y a pas de Julão. C'est toi qui m'as entraîné dans cette vie minable de tueur, et tu me roules en gardant pour toi l'argent que je gagne.

– Tu as intérêt à t'en aller avant que je fasse une bêtise, menaça Cícero, déjà debout, les yeux écarquillés.

– Et tu vas faire quoi ? Me tuer ? Je veux voir si tu es assez courageux pour ça.

Júlio colla son torse au nez de son oncle, qu'il dominait de dix centimètres.

– Tu as de la chance que je n'aie pas mon revolver sur moi.

– Moi si, dit Júlio en sortant l'arme de son pantalon et en posant le canon contre le front de son oncle.

Jamais il n'avait vu cette expression de terreur sur la figure de Cícero. L'homme était tout pâle et tremblait comme un roseau. Pour la première fois de sa vie, Júlio eut envie de tuer quelqu'un sans avoir besoin d'être payé pour. Il sentit une haine amère monter dans son cœur. Ses dents étaient serrées et sa respiration précipitée. Il ne se rendit compte qu'il pleurait qu'en sentant des larmes lui mouiller la bouche. Il refusait de l'admettre, mais il était très triste. Il aurait voulu que rien de tout ça n'arrive. Si son oncle n'avait pas été un sale menteur, tout aurait été différent.

– Baisse cette arme, Julão, fit Cícero d'un ton calme, presque caressant.

– Sois tranquille, tio. Je ne vais pas te tuer. Mais tu mériterais que je t'en mette une dans ta tête de menteur.

– Baisse cette arme, fiston.

– Je ne suis pas ton fils. Dieu m'en préserve ! Et si je ne te tue pas, c'est juste parce que tu es le frère de mon père, paix à son âme !

Seu Jorge était mort en 1983, à cinquante-cinq ans.

Júlio baissa son revolver, tourna le dos à son oncle et passa la porte. Il avait toujours les dents serrées et ne respirait que par le nez.

– Tu n'as jamais pensé que tu me dois tout ? cria Cícero depuis le salon. Sans moi, tu n'aurais rien, Julão ! Tu ne serais personne !

Júlio l'entendit. Toujours en larmes, il revint à pas pressés, rangea son arme dans sa ceinture et, des deux mains, repoussa son oncle et le rejeta sur le canapé.

– La belle vie de merde que tu m'as donnée ! dit-il, criant lui aussi. Je suis un assassin, tio. Je gagne ma vie en tuant des gens. Et tu oses me dire que c'est bien ?

Cícero resta muet, retrouvant l'expression de terreur que Júlio lui avait déjà vue quelques instants plus tôt.

– Maintenant, je sais pourquoi des gens tuent par haine. Je te réglerais bien ton compte tout de suite. Si je ne le fais pas, c'est pour mon père et rien d'autre. Mais mets-toi bien un truc dans le crâne, dit Júlio en plantant un doigt sur la figure de son oncle. Si jamais je te revois devant moi, je te tue. Compris ? Quel que soit le jour, l'heure ou l'endroit. Je te fais la peau direct.

Déboussolé, il partit en courant dans les rues d'Imperatriz. Il pleurait de rage et de tristesse. Il regrettait aussi un peu de ne pas avoir tué Cícero. Il avait déjà assassiné tellement de gens qu'il ne connaissait pas et qui ne méritaient peut-être pas de mourir ! Il aurait dû le faire. Mais il ne voulait pas attrister l'âme de son père. Il ne devait revoir son oncle que huit ans plus tard, en 1993. À l'enterrement de Cícero Santana. Júlio n'alla au cimetière qu'en souvenir de l'amitié qui les avait liés, son oncle et lui, dans son enfance. Cícero était mort à cinquante-trois ans, d'un cancer du poumon dû à la cigarette. À ses funérailles, il n'y avait que les deux ex-femmes du mort, ses cinq enfants et une demi-douzaine d'amis. Júlio n'en connaissait qu'un seul. C'était le caporal Santos, de la police militaire, qui vivait et travaillait à Imperatriz.

Il trouva bizarre de ne voir aucun autre membre de la PM à l'enterrement de son oncle. En discutant avec le caporal Santos, il apprit que Cícero n'avait jamais fait partie de la corporation. Se faire passer pour un policier militaire n'avait été qu'un mensonge de plus, dont son oncle se servait pour cacher son métier d'assassin. L'uniforme dans lequel il se montrait quand il voulait sauver les apparences avait été acheté au caporal Santos. Júlio comprenait maintenant pourquoi il n'avait jamais vu Cícero travailler. En regardant son corps dans le cercueil, beaucoup plus maigre que la dernière fois qu'il l'avait eu devant lui, il eut pitié de cet homme. Mais il ne réussirait jamais à lui pardonner. Il s'en alla avant que le cercueil soit recouvert de sable. Mais il pleure encore quand il se rappelle la dispute qui l'a poussé à rompre pour de bon avec son oncle. Il préférerait de loin que rien de tout ça n'ait eu lieu. Il donnerait tout pour pouvoir se reposer chez lui, sans être dérangé par ces souvenirs.

Ses pensées furent interrompues par le retour de l'église de sa femme et de sa fille. Il était allongé sur le canapé, les deux mains sur le cahier plaqué contre sa poitrine, ouvert à la page marquée d'un X. Il fit semblant de dormir. Sa fille s'approcha, lui donna un baiser sur la joue et essaya de lui prendre le cahier. Il attrapa ses mains et rouvrit les yeux. Tous deux échangèrent un sourire. Mais la femme de Júlio sentit que quelque chose n'allait pas. Elle remarqua ses yeux rougis et demanda s'il avait pleuré. Comme il n'aimait pas mentir à son épouse, il lui adressa un sourire gêné, se leva et alla s'enfermer dans leur chambre. Il remit le cahier dans la vieille sacoche et la cacha derrière l'armoire, en se promettant de ne plus jamais poser les doigts sur ce truc. À partir de ce dimanche, le 16 avril 2006, il noterait ses boulots sur n'importe quel bout de papier. Mais ce cahier, il n'y toucherait plus. Les quatre cent quatre-vingt-sept meurtres répertoriés dedans suffisaient.

LE REPOS DU TUEUR

L'alarme du téléphone portable de Júlio Santana sonna à 2 heures pile du matin. Sa femme se réveilla en sursaut. Que diable son homme allait-il faire à une heure pareille ? Habituée à se lever en pleine nuit quand il partait tuer quelqu'un, elle savait que cette hypothèse était écartée. On était en août 2006, et Júlio lui avait promis deux mois plus tôt de ne plus commettre un seul homicide de sa vie. Elle était certaine qu'il ne mentirait pas. Pas à elle. Sa femme était la seule personne à savoir comment Júlio gagnait sa vie. À ses enfants et aux rares voisins avec lesquels ils étaient en contact, il disait qu'il était policier militaire. Il avait appris à porter l'uniforme avec son oncle Cícero, qui lui en avait lui-même acheté un, pour camoufler sa vraie activité professionnelle. Cette nuit-là, il ne sortirait pas pour tuer. L'alarme de son portable, réglée sur 2 heures du matin, avait une autre fonction.

À cinquante-deux ans, Júlio se disait épuisé de cette vie infernale qui consistait à tuer des gens ici et là. Sans compter qu'il n'avait plus son agilité, ni sa force, ni son acuité visuelle d'autrefois. Avec l'âge, le métier d'assassin devenait de plus en plus difficile. Il avait décidé de prendre sa retraite et de changer de ville et d'État. Pour ne pas attirer l'attention du voisinage, il allait quitter Porto Franco, sa ville natale, dans le Maranhão, en pleine nuit. Sa femme et ses enfants savaient seulement que le déménagement aurait lieu ce samedi-là. Ils ne s'imaginaient pas qu'ils devraient se lever à 2 heures du matin pour monter dans le camion d'un ami de Júlio. Contre la volonté de son épouse, qui ne voulait rien laisser sur place, la famille n'emporterait que quelques sacs de vêtements, le téléviseur 51 centimètres, la chaîne stéréo et le lecteur de DVD. Tous les meubles resteraient dans la maison, vendue par Júlio à cet ami camionneur 15 000 réaux, réglables en dix mensualités de 1 500. À une autre de ses connaissances, il avait cédé sa voiture – une Fiat 147 – et son hors-bord pour la somme de 8 000 réaux, payée comptant.

Avant de laisser le hors-bord à son nouveau propriétaire, il fit quelque chose qui lui allégea le cœur. La veille du déménagement, il s'embarqua dedans le matin avec la sacoche contenant le cahier où étaient notés ses boulots et navigua près d'une demi-heure pour atteindre un secteur totalement isolé du Rio Tocantins. Il emportait aussi le .38 avec lequel il avait tué près de cinq cents personnes. Il retira l'arme de sa ceinture et la jeta à l'intérieur de la sacoche. En plus du revolver, elle contenait son cahier de meurtres et deux pierres grosses comme des noix de coco dont il l'avait lestée avant de monter dans le hors-bord. Au milieu du courant, il ferma les yeux et remercia le Seigneur de l'avoir délivré de cette vie. Il jeta la sacoche dans le Tocantins et attendit de la voir disparaître dans les flots boueux. À cet endroit du fleuve, il le savait, la profondeur n'était pas inférieure à dix mètres. Son revolver et son cahier ne reviendraient plus jamais le tourmenter. Il se sentait léger. Peut-être même un peu heureux. Il avait très hâte de rentrer à la maison pour raconter ce qu'il venait de faire à sa femme. Elle serait sûrement fière de lui.

L'influence de son épouse fut fondamentale pour décider Júlio à quitter Porto Franco et à s'installer dans un autre État. Depuis le jour où son mari lui avait avoué qu'il était tueur à gages, en février 1985 – onze mois après leur mariage –, elle lui demandait sans arrêt de laisser tomber cette vie de chien. Mais Júlio objectait toujours qu'il ne savait rien faire d'autre et que c'était ce travail maudit qui lui rapportait de quoi pourvoir aux besoins de la famille. Tout ce qu'il possédait dans la vie, il l'avait gagné en tuant des gens là où on le payait pour le faire. Son plus long voyage professionnel avait eu lieu en 1989, quand il s'était rendu dans le Paraná pour tuer le frère d'un chef d'entreprise. Le crime avait été commandité par ce chef d'entreprise lui-même, qui voulait récupérer la part d'héritage de son cadet. Désormais, ce genre d'histoires ferait partie du passé. Júlio allait enfin pouvoir vivre en paix avec sa femme et ses enfants, auxquels il avait dit qu'il prenait sa retraite de policier pour les emmener dans un endroit bien meilleur que Porto Franco.

– Il y a un cinéma là-bas, papa ? demanda son fils de dix-huit ans.

– Là où on habitera, non. Mais il y a une plus grande ville juste à côté, avec des cinémas, des centres commerciaux et toutes ces bêtises que vous adorez, répondit Júlio en chargeant le téléviseur 51 centimètres à l'arrière du camion.

Júlio passa le trajet de Porto Franco à Palmas, la capitale du Tocantins, assis côté portière, avec sa femme entre le chauffeur et lui. Ses enfants étaient derrière, sur la couchette du camion, et parlaient sans arrêt tellement ils étaient excités de quitter, pour la première fois, leur ville natale. À cette heure de la nuit, il n'y avait pas un chat dans les rues de Porto Franco. En partant, Júlio avait demandé à son ami camionneur de faire un crochet par l'esplanade qui longe le Rio Tocantins. Il tenait à voir une dernière fois le paysage qui avait toujours fait partie de sa vie, dans les mauvais moments comme dans les bons. Sur ces eaux boueuses, il avait tué – trente-cinq ans plus tôt exactement – le pêcheur Amarelo en août 1971. C'était aussi sur le Tocantins qu'il avait eu, à dix-huit ans, sa première relation sexuelle, avec Ritinha, en mars 1972. Dans ce fleuve, il avait joué avec ses frères, Pedro et Paulo, qui vivaient maintenant à São Luís, la capitale du Maranhão, et à qui il parlait de temps en temps au téléphone. Sur la rive du Tocantins, il avait grandi en voyant sa mère – à soixante-treize ans, dona Marina habitait chez Paulo à São Luís – laver du linge et préparer les animaux qui serviraient à nourrir la famille.

La pleine lune, cette nuit-là, illuminait la forêt et jetait des reflets bleutés sur le fleuve. Júlio aurait voulu vivre pour toujours à Porto Franco. Mais il savait qu'il n'arriverait pas à arrêter de travailler comme tueur s'il ne quittait pas la ville. Au nouvel an 2004, il avait promis à sa femme de laisser tomber cette vie de tueur. Mais les propositions de travail incessantes l'avaient empêché d'arrêter. En mars 2005, il avait refusé deux boulots. Mais il n'avait pas résisté à l'offre de 3 000 réaux d'un fazendeiro de la ville de Dom Eliseu, dans le Pará, qui voulait se débarrasser de son gendre qui battait sa fille. Connu pour sa discrétion et son efficacité, Júlio ne passait pas un mois sans recevoir au minimum un coup de téléphone de quelqu'un qui voulait faire appel à ses services. Il ne réussirait pas à prendre sa retraite s'il restait vivre à Porto Franco. Comme il lui serait impossible de préserver son mariage s'il continuait à être pistolero.

Le jour de ses cinquante et un ans – le 23 juin 2005 –, sa femme lui avait dit, en larmes, qu'elle ne resterait pas une année de plus avec un assassin. Soit il renonçait à cette vie, soit il pouvait faire une croix sur les enfants et elle. Bien que gêné par la pression de son épouse, il se rendait compte qu'elle avait raison. Mais il n'aimait pas l'entendre dire que s'il n'arrêtait pas de tuer des gens, il irait en enfer. Depuis qu'elle fréquentait l'Assemblée de Dieu, elle passait son temps à dire que cette histoire de réciter dix *Je vous salue Marie* et vingt *Notre Père*, ce que Júlio continuait de faire après chaque homicide, ne changeait rien. Elle disait que Dieu ne le pardonnerait que s'il se repentait pour de bon. L'une de ces discussions eut lieu par une nuit brûlante de juillet 2005, alors que le couple était au lit.

– Mais je me repens, je t'assure, dit Júlio.

– Si tu te repentais, tu ne recommencerais pas. En plus, "Tu ne tueras point" fait partie des dix commandements de la Bible.

– Je le sais très bien.

– Tu le sais, mais tu ne le respectes pas.

– C'est mon métier ! Qu'est-ce que tu veux que je fasse ?

– Que tu arrêtes ce travail honteux et que tu changes de vie. Je te préviens, ajouta-t-elle d'une voix entrecoupée de sanglots, mais avec une fermeté qui renforça encore l'admiration de Júlio, si tu continues comme ça, je m'en vais et j'emmène les enfants !

Il ne respectait personne autant qu'elle, à part sa mère. Il trouvait que sa femme avait toujours raison. Même quand elle le contrariait. Ou surtout dans ces cas-là. En vingt-deux ans de mariage, il n'avait jamais haussé le ton avec elle. Et quand elle lui passait un savon, il restait silencieux, la tête basse. Il avait l'habitude de dire qu'elle était son havre de paix. Il pouvait faire toutes les horreurs possibles dans la rue, il savait que, à son retour, elle serait là à l'attendre, toujours prête à le réconforter, malgré le dégoût qu'elle avait de son travail. Il était incapable de vivre sans elle, la mère de ses enfants et sa grande compagne. Elle méritait qu'il l'emmène dans une autre ville, où ils pourraient tous vivre en paix. Dans le camion, Júlio regarda sa femme, qui avait l'air soulagée, tranquille. Il repensa à toutes les angoisses qu'elle avait traversées à cause de son travail. À toutes les nuits passées à mal dormir en se demandant s'il rentrerait vivant. Cette première étape de leur voyage, de Porto Franco à Palmas, n'était que le début d'un parcours qui allait changer pour toujours la vie de la famille. Il passa le bras gauche autour des épaules de sa femme et se souvint de la première fois qu'ils s'étaient vus.

On était en novembre 1983, et Júlio avait été recruté par un prêteur sur gages de Teresina, dans le Piauí, pour liquider un commis de banque qui lui devait de l'argent. Ce crime devait lui rapporter 550 000 cruzeiros – un peu moins de dix fois le salaire minimum de l'époque, qui était de 57 120 cruzeiros. À son arrivée dans la capitale du Piauí, un employé du prêteur l'attendait à la gare routière.

L'homme, qui se présenta sous le nom de Sérgio, le fit monter dans une Chevrolet Caravan marron et l'amena devant la banque où travaillait la victime. Le type qu'il devrait tuer s'appelait Adilson.

– Le patron lui a prêté 1,5 million, et ce salopard n'a toujours pas remboursé, dit Sérgio pendant qu'ils attendaient Adilson à l'extérieur de l'agence. Du coup, sa dette augmente, et ce salaud dit qu'à cause de ça, il ne pourra jamais payer.

– C'est vrai que c'est compliqué, répondit distraitement Júlio.

– Compliqué ? C'est peu de le dire. Je suis allé trois ou quatre fois lui réclamer le fric. Mais Adilson invente toujours une excuse pour ne pas payer.

– Il dit quoi ?

– Qu'il est fauché, qu'il a un loyer à payer, des factures, l'école de ses gosses. Ça fait déjà cinq mois qu'il nous mène en bateau.

– Mais ce ne serait pas mieux pour votre patron de l'obliger à rembourser sa dette plutôt que le faire tuer ? Si le type meurt, il ne reverra jamais la couleur de son argent.

– Vous ne comprenez pas. Le patron est sûr qu'Adilson n'arrivera jamais à payer sa dette. Mais comme c'est son métier de prêter, il doit montrer aux gens ce qui se passe quand on ne rembourse pas ce qu'on lui doit. S'il laisse Adilson se balader dans le coin, tous ses clients vont se dire qu'ils peuvent arrêter de payer sans que ça fasse d'histoires.

– Je comprends. Montrez-moi ce mec, et je le fais passer à la trappe aujourd'hui même, garantit Júlio.

À 16h10 en ce vendredi de forte chaleur, Adilson sortit de sa banque. Il portait un jean et une chemise bleue à manches longues rentrée dans son pantalon. C'était un homme maigre et brun de peau d'un mètre soixante-cinq environ, à qui Júlio donna entre trente-cinq et quarante ans. Ses cheveux noirs étaient crépus. Il n'avait ni barbe ni moustache. Il partit à pied et prit un bus à une centaine de mètres de là. Il en descendit cinq arrêts plus loin, devant un supermarché. Júlio quitta la Caravan et le suivit jusqu'à chez lui, à une trentaine de mètres de distance. Sérgio lui avait fait remarquer que cette filature était inutile.

– Je sais déjà où il habite, Jorge.

– Je sais que vous le savez. Mais j'ai besoin de voir où c'est.

– Pourquoi ?

– Pour savoir à quoi ressemble sa maison, si la rue est passante… ce genre de choses.

– D'accord.

– Attendez-moi ici.

Un quart d'heure plus tard, Júlio était de retour. La rue d'Adilson était en terre, tranquille et mal éclairée. Il y avait juste deux réverbères, un à chaque bout. L'idée de Júlio était de le tuer comme il l'avait déjà fait d'innombrables fois. Il frapperait à la porte d'Adilson et, quand le commis ouvrirait, il lui mettrait une balle dans la tête. Pour pouvoir quitter rapidement les lieux du crime, il dit à Sérgio qu'il aurait besoin d'une moto.

– J'en ai une, répondit Sérgio. Mais je ne peux pas vous la prêter.

– Pourquoi ? Elle ne marche pas bien ?

– Non. Mais je passe mon temps à circuler avec en ville. Si quelqu'un relève le numéro de plaque quand vous tuerez Adilson, c'est moi qui trinquerai.

– Pas du tout, Sérgio. Il suffit qu'on retire la plaque. Vous n'imaginez pas combien de fois j'ai déjà fait ça.

– Vraiment ?

– Bien sûr. Faites-moi confiance. Tout va bien se passer.

Après avoir dîné chez Sérgio de poulet à l'igname, Júlio partit à moto pour une nouvelle soirée de travail. Il s'arrêta devant la maison d'Adilson juste après 20 heures. Personne dans la rue. Il laissa tourner le moteur et, sans ôter son casque, frappa trois grands coups à la porte. Il tenait le revolver de la main droite, derrière son dos. En entendant quelqu'un ouvrir la porte, il se prépara à tuer un pauvre type de plus. Il ne tirerait qu'une seule balle. Dans la tête. Ce fut un petit garçon d'une dizaine d'années qui lui ouvrit, aux cheveux crépus et aux yeux immenses et très noirs. L'enfant dit que son père venait de sortir.

– Si vous courez vite, vous arriverez peut-être à le rattraper, m'sieur.

Júlio passa une main dans les cheveux du gamin et repartit vers sa moto. L'idée qu'il allait empêcher cet enfant de grandir aux côtés de son père le déprima. Il se demanda malgré lui si Adilson en avait d'autres, s'il aimait sa femme, s'il avait des frères et sœurs… C'était pour éviter ce problème, entre autres, qu'il évitait toujours de rencontrer les parents et amis de ses victimes. Tout était beaucoup plus facile quand la personne à tuer se limitait à un nom et à un visage. C'était comme ça qu'il regarderait Adilson : un nom à rayer. Il ne voulait pas savoir si le commis était un bon père ou un bon mari. Il était là pour le tuer. Il le trouva assis au bord du trottoir, à l'arrêt de bus. S'il ne le tua pas sur place, ce fut parce que, avant qu'il ait pu s'approcher, Adilson monta dans le bus qui venait de s'arrêter.

À moto, Júlio suivit le bus jusqu'à ce que le commis en descende. Il était impossible de l'exécuter là. La rue était animée, et sa victime marchait sur le trottoir au milieu des passants. Júlio ne le quitta pas des yeux jusqu'à ce qu'il entre dans un bar. Il attendit exactement dix minutes et entra à son tour, son casque sous le bras gauche. Il sentait la crosse du revolver lui frôler le nombril. Avant de s'asseoir, il promena sur la salle le regard acéré qui lui servait pour chasser dans la jungle amazonienne. Il n'y avait pas plus de dix tables, toutes en bois, avec des chaises aussi en bois, sur un sol en ciment lisse. À droite de l'entrée, un comptoir d'environ quatre mètres de long sur lequel étaient posés une caisse enregistreuse, un cube en verre contenant des beignets et des chaussons au poulet, et plusieurs verres avec un reste de bière. En face de la caisse, un juke-box où les clients, après avoir acheté un jeton, pouvaient choisir une chanson qu'ils avaient envie d'entendre. Derrière le comptoir, deux personnes. Un vieux, gros et mal rasé, à la tête grise et aux yeux qui avaient l'air coincés entre d'énormes poches, et une jeune femme à l'air triste, mais très jolie. Jamais il n'aurait imaginé que cette fille aux cheveux lisses et noirs deviendrait son épouse et la mère de ses enfants.

Il se faufila entre deux types perchés sur des tabourets devant le comptoir pour s'approcher d'elle et commanda une bouteille de Coca-Cola et un verre avec des glaçons. De près, il vit qu'elle était encore plus belle. Elle portait une robe en coton, avait les cheveux détachés et n'était pas maquillée. Son visage était bien ferme, carré, avec une grande bouche et des lèvres fines. Ses yeux clairs étaient mis en valeur par sa peau brune et lisse. Son nez était délicat et bien dessiné. Il faillit lui demander son nom mais n'en eut pas le courage. Déjà parce qu'il n'était pas là pour draguer. Il avait un travail à faire. Il se remit à étudier la salle et vit qu'Adilson était toujours attablé, seul, dans un coin du bar. Il buvait des verres de bière à la chaîne. En vingt minutes, il avait déjà vidé deux grandes bouteilles. Et il en commanda une troisième.

Júlio partageait son attention entre l'homme qu'il devrait tuer et la serveuse dont il avait envie de faire la connaissance. Il n'aimait pas le ton grossier sur lequel les autres clients s'adressaient à elle. Certains l'appelaient "ma noiraude", d'autres "mignonne". L'un d'eux, le plus grossier, lui dit même "ma salope". Il avait terriblement envie de les remettre à leur place, mais il savait que ça risquait de compromettre son travail. Il ne s'était jamais laissé entraîner dans une querelle de bar. Il n'allait pas commencer aujourd'hui. En essayant de rester calme, il commanda un chausson au poulet. Quand la serveuse lui apporta le chausson sur une assiette en plastique, il fit exprès de la regarder dans les yeux et eut droit à un quasi sourire. À ce moment-là, il décida qu'il ne quitterait pas Teresina sans savoir comment elle s'appelait.

Mais avant ça, il devait régler son compte à Adilson, qui était toujours seul à sa table. Il en était à sa cinquième bouteille de bière. Il avait l'air de pleurer. Il avalait une lampée et il posait le visage sur ses bras en appui sur la table. Il parlait tout seul. Deux ou trois ivrognes essayèrent d'engager la conversation avec Júlio, mais il ne fit pas attention à eux. Il commanda un deuxième Coca-Cola et des glaçons.

– Vous n'êtes pas d'ici, hein ? demanda la serveuse en déposant son soda sur le comptoir.

– Non, répondit-il, pris de court et étonné qu'elle lui parle.

– J'en étais sûre. Je ne vous ai jamais vu. Et vous êtes d'où ?

– De Marabá, mentit Júlio.

– J'en ai entendu parler, dit-elle sans le regarder, en nettoyant le comptoir avec un torchon grisâtre. C'est dans le Pará, c'est ça ?

– Oui.

– On dit que là-bas, il y a plein de gens qui meurent pour des disputes de terres.

– Oui.

– Vous n'êtes pas très bavard, on dirait.

– C'est que je suis un peu préoccupé.

– Par quoi ?

– Par mon travail.

– Vous travaillez dans quoi ?

– Je suis policier militaire, répondit-il après quelques secondes de silence.

– Et qu'est-ce qui s'est passé dans votre travail pour que vous soyez préoccupé ?

– Je préfère ne pas en parler.

– D'accord. Excusez-moi, je suis trop curieuse.

Et la serveuse retourna à son travail.

Le temps passait, et Adilson ne bougeait pas. Sur sa table, six bouteilles de bière et un verre vide. Il n'y avait plus grand monde dans le bar quand le commis se leva et alla aux toilettes, qui se trouvaient à cinq ou six mètres à gauche du tabouret sur lequel était assis Júlio. Adilson lui effleura l'épaule au passage, en s'excusant. Il était plus de 1 heure du matin, et Júlio était pressé d'en finir avec ce boulot. Il ne pourrait tenter de se rapprocher de la serveuse qu'après. Il regardait la jeune femme laver une demi-douzaine de verres dans l'évier quand il s'aperçut qu'Adilson était ressorti des toilettes. Le commis le fixa. Júlio détourna les yeux mais sentit quand même que l'homme venait dans sa direction. Il regarda à nouveau Adilson et eut la certitude que l'homme s'apprêtait à l'aborder. Il pensa que sa victime savait qui il était et allait le tuer avant de se retrouver sur le carreau. Le commis était peut-être allé aux toilettes pour vérifier son arme.

Pendant que ces pensées défilaient dans sa tête, Adilson s'approchait de plus en plus. Il était sûr que l'homme venait vers lui, en le fixant. Sans se lever de son tabouret, Júlio glissa la main droite sous sa chemise et serra la crosse du revolver. Il était décidé, s'il le fallait, à tuer le commis ici même. Au milieu du bar. Devant tout le monde. Même la jolie brune. Encore deux pas, et le commis serait devant lui. Il sortit le revolver de son pantalon mais le garda sous sa chemise. Adilson s'arrêta à un mètre et écarta les bras, comme s'il attendait qu'on lui tire dans la poitrine. Júlio n'y comprit rien.

– Flamengo, champion du monde ! hurla l'homme, en le prenant dans ses bras avec enthousiasme. Champion du monde !

Alors seulement, Júlio comprit. Il avait mis ce soir-là un maillot du Flamengo, son équipe fétiche, avec un numéro 10 et le nom de Zico dans le dos. Le titre de champion du monde que fêtait Adilson en criant à tout-va avait été remporté par l'équipe carioca deux ans plus tôt, en 1981. Mais Adilson triomphait comme si c'était tout récent. Un effet de la bière, supposa Júlio. Le commis le serrait avec force et insistait pour qu'il l'accompagne à sa table. Júlio se déroba autant qu'il put. Il n'avait aucune envie d'être vu en train de discuter avec l'homme qu'il devait assassiner. Mais Adilson, complètement soûl, avait l'air tellement résolu qu'il le suivit à la table. Ils bavardèrent un peu plus d'une demi-heure. Les dix premières minutes furent exclusivement consacrées au football. Pour Adilson, aucune équipe ne valait ce Flamengo-là, dont les grandes stars étaient Zico, Júnior, Adílio et Nunes. En plus du mondial des clubs de 1981, le Flamengo avait remporté le championnat brésilien la même année et les deux suivantes. C'était une équipe de cracks.

– Mais il n'y en a pas deux comme Zico, ajouta le commis.

– C'est vrai, approuva Júlio, sincère.

D'un seul coup, Adilson changea de sujet. Oubliant le Flamengo, il se mit à parler des problèmes qui l'avaient amené là. Sa femme détestait le voir rentrer chez lui avec l'odeur de la bière. En plus, elle trouvait aberrant qu'un homme autant en dette envers Dieu et le monde continue à flamber son argent en alcool. S'il était dans ce bar cette nuit-là, c'était parce qu'il s'était disputé avec sa femme à la maison. Le motif de cette dispute était un bruit qui courait dans le quartier où ils vivaient, comme quoi un prêteur sur gages à qui Adilson devait de l'argent avait engagé quelqu'un pour le tuer.

– Je lui dis de ne pas s'inquiéter pour ça, que c'est juste des ragots, mais elle ne m'écoute pas et se met dans tous ses états.

– Ah, dit Júlio en regardant son verre vide sur la table.

– Du coup, on s'engueule et je sors boire un coup. Et quand je rentre, ça recommence. Elle me dit que j'aurais dû garder ce que je claque dans les bars pour rembourser cette saloperie de prêteur.

– Et pourquoi vous ne le faites pas ?

– Vous croyez que c'est avec les clopinettes que je dépense dans un bar que je vais pouvoir rembourser mes dettes ? Aucune chance, mon gars. Ça fait beaucoup d'argent, ajouta Adilson avec un sourire étrange.

– Et vous allez faire comment pour payer cet homme ?

– C'est simple, dit le commis, toujours avec le même sourire nerveux. Je ne vais rien payer du tout. Je n'ai pas les moyens de payer. Même si je me mettais à chier des billets.

– Mais vous lui devez de l'argent.

– Je sais, mon ami, fit Adilson en agrippant l'avant-bras de Júlio de sa main droite. Mais je ne peux rien y faire. Cette dette a tellement augmenté que je n'ai pas de quoi la payer. J'aimerais bien rembourser ce fils de pute et me sortir de cet enfer. Mais je sais déjà que ça ne va pas être possible.

Júlio était fatigué de ce bavardage. Il s'en voulait d'avoir écouté tout ça. Il n'avait pas besoin de connaître les problèmes d'Adilson. Il ne savait même pas pourquoi il s'était autant intéressé à l'histoire de ce minable. Il était là pour le tuer, et il allait le faire. Juste avant 2 heures du matin, il dit qu'il devait s'en aller et persuada le commis de l'accompagner. Il raconta qu'il était à moto et le déposerait chez lui. Il sortit du bar avec Adilson pratiquement pendu à son épaule gauche. À la porte, il regarda vers le comptoir et fit un signe de tête à la serveuse. À cinq ou six mètres de distance, elle ne le quittait pas des yeux.

– Je reviens, dit-il deux fois à voix basse, en articulant au maximum pour qu'elle puisse lire sur ses lèvres.

Au sourire qu'elle lui adressa en réponse, il pensa que le message était reçu.

Dès qu'ils commencèrent à marcher dans la rue, Adilson voulut savoir où était la moto de Júlio. Il posa la même question trois fois. Et la réponse fut toujours la même : "Juste un peu plus loin." Júlio avait garé sa moto dans la rue qui passait derrière le bar. Il était tellement pressé de se débarrasser de ce boulot pour revenir discuter avec la serveuse qu'il avait oublié son casque sur le comptoir. Complètement soûl, Adilson beuglait sans arrêt l'hymne du Flamengo.

– Flamengo un jour… Flamengo toujours… Flamengo je serai toujours…

Júlio avait peur que ces chants réveillent tout le monde et lui compliquent la tâche. À cette heure de la nuit, les rues étaient absolument désertes. Le silence était total. À part la voix déraillante du commis. Trois pâtés de maisons plus loin, Júlio estima être assez loin du bar pour tuer l'homme sans que le coup de feu soit entendu par la serveuse dont il avait envie de faire la connaissance. Il posa la main droite sur la crosse de son .38. Mais il décida de marcher encore un peu. Comme tout le quartier était endormi, le bruit risquait d'arriver jusqu'au bar. Ils longèrent trois pâtés de maisons de plus. Entre la chaleur et le poids d'Adilson, toujours appuyé sur son épaule, Júlio était en nage. Adilson était tellement ivre qu'il ne se rendit même pas compte qu'ils n'allaient nulle part. Et il continuait à chanter :

– Victoire, victoire, victoire… Flamengo un jour, Flamengo jusqu'à la mort…

Júlio regarda des deux côtés, devant et derrière lui. Il n'y avait personne. Il sortit le revolver de la ceinture de son pantalon et, sans s'arrêter de marcher, colla le canon contre la tête d'Adilson, trois centimètres au-dessus de l'oreille droite. En même temps qu'il pressait la détente, il détourna le visage à l'opposé. Il entendit un son étrange, comme une pierre jetée avec force contre un morceau de métal fixé dans un mur. C'était la balle qui trouait le crâne de sa victime. Il vit l'homme s'écrouler sur la terre battue comme un sac de farine. Un flot de sang giclait de sa tête. Júlio examina ses propres vêtements et vit qu'il en avait reçu un peu sur l'épaule et le bras gauches. Il enleva son maillot rouge et noir, le retourna et s'essuya avec. La rue était toujours déserte. Apparemment, le coup de feu n'avait réveillé personne. Il traîna le cadavre jusqu'à l'adosser au muret d'une maison et repartit vers le bar par un autre chemin. Malgré tous ses efforts, il n'arrivait pas à s'arrêter de siffler l'hymne du Flamengo.

Jamais il n'oublierait le sourire que lui lança la serveuse en le voyant revenir dans le bar. Il le sentit chargé d'une joie sincère et d'une tendresse inattendue. Il était presque 2 h 30 du matin et la salle était vide, à part un type endormi à sa table, la tête sur les bras. Le vieux qui semblait être le patron du bar n'était plus là. Júlio demanda s'il pouvait encore boire quelque chose, et, après avoir reçu une réponse positive, commanda un Coca avec glaçons.

– Vous ne buvez pas ? demanda-t-elle.

– Seulement de temps en temps. Et je suis fou du Coca depuis tout gosse.

Ils se présentèrent et poursuivirent la conversation pendant qu'elle passait sa serpillière sur le ciment. C'était le même supplice toutes les nuits, se plaignit-elle. Elle passait ses soirées à servir des types mal élevés et elle devait en plus tout nettoyer avant de rentrer dormir. Elle dit que le vieux sur lequel Júlio venait de la questionner était son grand-père maternel et que c'était un homme bon. Il avait été le seul à lui offrir de l'aide six ans plus tôt, quand sa mère était morte de la tuberculose à Belém. Son père avait disparu dans la nature avant qu'elle sache parler. Sa mère l'avait élevée en travaillant comme bonne pour une famille de la capitale du Pará. Elle s'était retrouvée orpheline à dix-sept ans.

– Et aujourd'hui, vous avez quel âge ? demanda Júlio.

– Vingt-trois ans. Et vous ?

– Vingt-neuf.

Il ne comprenait pas comment il pouvait être aussi attiré et touché par cette jeune femme qu'il venait à peine de rencontrer. Mais il était certain qu'il serait capable de faire n'importe quoi pour la rendre heureuse. Il avait envie de lui prendre la main, de l'enlacer, de l'embrasser. Mais il n'osait pas. Il se dit qu'un peu de musique l'aiderait peut-être à se décider. Il demanda s'il pouvait encore acheter un jeton et le mettre dans le juke-box. Elle répondit que oui et qu'il n'aurait pas besoin de le payer. Debout devant l'appareil plein de lumières et de couleurs, il chercha la musique idéale. Il n'eut plus aucun doute en lisant *Vou tirar você desse lugar*, d'Odair José. Aucune chanson ne pouvait être plus parfaite dans cette situation.

– Celle-là est pour vous, dit-il.

La serveuse le remercia d'un sourire mais ne s'arrêta pas de manier sa serpillière. Pendant le refrain, Júlio s'approcha d'elle et chanta à mi-voix :

– "*Eu vou tirar você desse lugar. Eu vou levar você pra ficar comigo. E não me interessa o que os outros vão pensar*[*]."

* "Je vais te sortir de là. Je vais t'emmener pour que tu restes avec moi. Et je me fiche de savoir ce que les autres vont en penser."

– Vous êtes fou, dit-elle avec un sourire contenu.

– Non, pas du tout. Je suis sérieux. Je repars demain. Venez avec moi.

– Il faut vraiment que vous soyez dingue. On vient de se rencontrer.

– Je sais. Mais je veux que vous veniez avec moi. Je veux vous rendre heureuse.

– Oubliez ça. C'est n'importe quoi.

Júlio ressentit une tristesse profonde. Il savait que la jeune femme avait raison. Il était absurde de vouloir qu'elle le suive sans qu'ils se connaissent un minimum. Mais c'était ce qu'il voulait. Malgré son abattement, il continua à parler avec la serveuse. La façon dont elle racontait son grand-père, sa mère, son rêve d'avoir un jour une maison et une famille à elle, le renforça dans sa certitude qu'il voulait faire d'elle sa femme. Pas seulement pour coucher avec elle et s'amuser. Mais pour qu'elle soit la mère de ses enfants. Le jour se levait et ils parlaient toujours, assis à une table. Júlio dit qu'il devait s'en aller prendre son car, qui partait de la gare routière à 6h30. Il prit les mains de la jeune femme entre les siennes et demanda s'il pouvait l'embrasser. Elle répondit sans rien dire, juste en fermant les yeux. Ce fut un baiser rapide, nerveux. Mais qu'il n'oublierait jamais. Ils s'embrassèrent encore trois ou quatre fois. À chaque baiser, Júlio était de plus en plus sûr de vouloir que cette fille devienne sa femme.

Il allait quitter le bar quand elle le rappela.

– Si vous voulez vraiment m'emmener, dit-elle en le regardant droit dans les yeux, il va falloir revenir ici pour qu'on reparle et que je vous présente mon grand-père.

– Je reviendrai. Vous pouvez en être sûre.

Et ils échangèrent un nouveau baiser.

Júlio allait faire cinq autres voyages à Teresina, uniquement pour passer du temps avec la jeune fille et gagner la confiance de son grand-père. Les deux dernières fois, il arriva au bar dans l'uniforme de policier militaire acheté pour lui par son oncle Cícero. Il pense que cette tenue l'aida beaucoup. Avec l'approbation du grand-père, elle et lui se marièrent, en bonne et due forme – une exigence du vieux – en mars 1984. Il n'y eut pas de fête. Júlio avait alors vingt-neuf ans, elle vingt-quatre.

Et maintenant, vingt-deux ans plus tard, sa femme, ses deux enfants et lui quittaient Porto Franco, où ils avaient habité depuis leur mariage, pour commencer une nouvelle vie dans un autre État. Il croyait enfin pouvoir offrir à son épouse le bonheur qu'il lui avait promis la nuit de leur rencontre. Ça suffisait pour les chagrins. Comme celui qu'il avait causé à sa femme le jour où, onze mois après leur mariage, pressé par elle de répondre aux doutes qu'elle avait sur son travail, il avait décidé de lui avouer qu'il était tueur à gages. Elle avait pleuré pendant des jours, avait maigri, était tombée malade, ne mangeait plus rien. Elle ne l'avait plus laissé la toucher. Elle disait qu'il n'était pas question pour elle de coucher avec un assassin et que, si elle restait, c'était seulement parce qu'elle était enceinte de leur premier fils – qui mourrait en 2004, à dix-neuf ans – et qu'elle ne voulait à aucun prix que son enfant connaisse le même malheur qu'elle, qui avait dû grandir sans père. Elle était tellement faible et triste que cela mettait en danger sa santé et celle du fœtus. Elle n'avait recommencé à bien s'alimenter qu'après avoir été avertie par un médecin qu'elle risquait de perdre son bébé.

Ses relations avec son mari mettraient des années à s'améliorer. Et ce ne serait plus jamais comme au début, quand elle était toujours joyeuse et tendre. Elle adorait le voir rentrer du travail dans son uniforme de la PM et s'allonger à côté d'elle dans le lit. Apprendre que tout ça n'était qu'un mensonge et qu'elle avait épousé un tueur avait été un choc trop fort. Combien de fois, par la suite, elle fit semblant de dormir en entendant son mari rentrer en pleine nuit ? Elle se recroquevillait sous le drap chaque fois qu'il essayait de la toucher. Bien des fois, il avait même dû quitter la chambre pour aller dormir sur le canapé. Mais jamais il ne l'avait forcée à faire ce qu'elle ne voulait pas. Et jamais elle n'avait cessé de lui dire qu'elle l'aimait. Elle répétait souvent qu'elle ne comprenait pas qu'un homme aussi affectueux avec sa femme et ses enfants puisse ôter la vie de quelqu'un. Et pire encore, pour de l'argent. "C'est mon travail, que veux-tu. Juste mon travail", répondait-il invariablement, avec un calme qui la démoralisait encore plus.

Malgré toute cette souffrance, elle ne l'abandonna jamais. Chaque fois que Júlio rentrait la mine sombre, elle faisait tout, même contrariée, pour lui être agréable.

Elle savait qu'il se sentait mal parce qu'il venait de tuer quelqu'un, et elle détestait ces moments-là. Mais elle sentait aussi qu'elle devait soutenir son mari. Même s'il faisait un métier absurde et horrible, c'était le père de ses enfants. En général, Júlio ne disait pas un mot. Il restait juste assis sur une chaise de la cuisine pendant que sa femme, debout, lui caressait la tête, la serrait contre sa poitrine. Une des rares fois où il parla, ce fut pour dire, d'une voix étranglée : "Aujourd'hui, j'ai tué un gosse de quatorze ans." Ce fut la seule occasion, en vingt-deux ans de mariage, où Júlio raconta à sa femme un travail qu'il avait fait. Il ne parlait jamais de ses boulots à personne. Pas même aux clients, ni aux intermédiaires des crimes. Il n'était pas fier d'être un assassin, même si eux faisaient l'éloge de son expérience, de sa discrétion et de son efficacité. Il ne chercha jamais non plus à savoir pour quelles raisons les gens qui l'engageaient désiraient la mort de quelqu'un. Curieusement, tous ceux – sans exception – qui faisaient appel à ses services semblaient tenir à expliquer leurs motivations. À croire qu'ils avaient besoin de justifier cette envie maudite.

Ses clients lui demandaient très souvent s'il avait déjà été arrêté. Jamais. De ça, oui, il était fier. Et sa femme avait beau l'alerter sur le risque qu'il courait de se faire prendre,

Júlio lui répétait ce qu'il avait entendu tant de fois dans la bouche de son oncle Cícero : "Dans le coin, la police ne se mêle pas des affaires des pistoleros." Jusqu'au jour de mai 1987 où il se retrouva menotté aux barreaux de la cellule du commissariat de Tocantinópolis, dans le Tocantins. Il avait été arrêté alors qu'il tentait de fuir après avoir tué une femme, qui avait elle-même assassiné son enfant de huit mois pour se venger des infidélités de son mari. Lequel mari, indigné par la mort du bébé, était le commanditaire du crime.

Ce jour-là, Júlio avait quitté sa maison de Porto Franco en fin d'après-midi, sur la moto qu'il s'était achetée quatre mois plus tôt, une Honda 125 rouge. Rejoindre Tocantinópolis serait facile : la ville se trouve en face de Porto Franco, sur l'autre rive du Tocantins. Júlio roula jusqu'au bord du fleuve – à environ deux kilomètres de chez lui –, laissa sa moto sous un manguier et monta dans une des pirogues qui faisaient la navette entre les deux berges. Moins d'une minute plus tard, il était de l'autre côté. Tout était déjà organisé avec Luciano, le commerçant de trente-quatre ans qui l'avait engagé. À sa femme, Luciano avait dit qu'il amènerait un ami dîner à la maison. Pendant le repas, il ressortirait acheter de la bière dans un bar et laisserait son épouse seule avec l'ami en question : Júlio Santana. Un quart d'heure plus tard, Luciano rentrerait et la trouverait morte. Personne ne pourrait l'accuser : au bar, il y aurait des témoins pour dire qu'il n'était pas chez lui au moment du crime. Pour que le plan fonctionne, il fallait juste que Júlio regagne Porto Franco sans être pris ni vu par personne.

– Ne vous faites pas de souci, avait-il dit à Luciano. Avec moi, le résultat est garanti.

Pour les rares personnes de Tocantinópolis qui le connaissaient, Júlio était un soldat de la police militaire. Il avait décidé de s'en servir. Il arriva en ville en uniforme de la PM. Dessous, il portait un bermuda en jean et un t-shirt noir. Il emportait aussi, sous sa chemise, un grand chapeau de paille, qu'il mettrait pour cacher son visage au moment de filer. Après le crime, il enlèverait l'uniforme et le rangerait dans un sac en plastique. Il sortirait de chez Luciano par la porte du devant, comme si de rien n'était, et partirait sur le vélo qui l'attendrait, appuyé contre le muret. En deux ou trois minutes, il aurait rejoint la rive du fleuve, où il prendrait une autre pirogue. Après la traversée, il récupérerait sa moto et serait chez lui en cinq minutes, en lieu sûr. Pour ce boulot, il avait touché d'avance 5 000 cruzeiros – l'équivalent de trois fois le salaire minimum de l'époque, qui était de 1 641 cruzeiros.

Tout se passait comme Luciano et lui l'avaient prévu. Jusqu'au moment où le commerçant dit qu'il allait racheter de la bière. À l'instant exact où il quitta la maison, sa femme – Alzimara, vingt-neuf ans – partit aux toilettes. Le temps passait, et elle n'en ressortait pas. Júlio compta cinq minutes sur sa montre digitale et s'approcha de la porte des cabinets. Il n'entendait rien. Pas un seul son. La femme semblait avoir deviné ce qui l'attendait. Júlio lui demanda à travers le battant de bois s'il pouvait prendre de l'eau au frigo. Alzimara répondit en criant que oui. Il commença à se sentir nerveux. Ce qui, à première vue, paraissait un travail facile se révélait bien plus compliqué qu'il ne l'avait imaginé. Il alla dans la cour arrière de la maison et vit le tonneau en plastique dans lequel il devait noyer la femme – une exigence de Luciano. Le commerçant voulait qu'Alzimara meure noyée. "C'est comme ça qu'elle a tué notre bébé", avait-il dit à Júlio au moment de l'engager. Le tonneau était plein à ras bord. mais la femme restait enfermée dans les toilettes. Sept minutes étaient déjà passées. Júlio ne pouvait plus attendre.

D'un coup d'épaule, il enfonça la porte des toilettes. Alzimara était prostrée entre la cuvette et le mur de briques apparentes.

– Je vous en prie, souffla-t-elle, ne me tuez pas.

– Qu'est-ce qui vous fait croire que je vais vous tuer, madame ?

– Depuis ce que j'ai fait à notre bébé, il n'arrête pas de dire qu'il va payer quelqu'un pour me tuer.

– Et qu'est-ce qui vous fait croire que c'est moi qui vais le faire ?

– Vous êtes de la police et vous avez une arme. S'il vous plaît, ne faites pas ça ! Ayez pitié de moi !

Sans un mot de plus, Júlio saisit la femme par l'avant-bras gauche et la traîna hors des toilettes. Alzimara se raccrochait à tout ce qui lui tombait sous la main : la cuvette des W-C, le tuyau du lavabo, une bassine de linge sale posée par terre. Et elle criait.

– Au secours ! Pour l'amour de Dieu, venez m'aider !

– Si vous ne vous taisez pas, madame, ça va être encore pire.

– Au secours ! Au secours !

Pour la réduire au silence, Júlio lui envoya un coup de poing dans la figure. Alzimara perdit connaissance. C'était la première et la dernière fois de sa vie qu'il levait la main sur une femme. Il en avait déjà assassiné plusieurs. Mais donner un coup de poing à une femme, c'était trop lâche. Vu la situation, pourtant, il ne voyait pas d'autre solution. Il réussit péniblement à soulever Alzimara dans ses bras et à la transporter dans la cour de derrière. Il lui plongea la tête dans le tonneau et continua d'appuyer jusqu'à ce que l'eau lui couvre les seins. Vingt ou trente secondes plus tard, Alzimara revint à elle et se débattit de toutes ses forces, en lançant des coups de pied dans tous les sens et en s'agrippant aux bras de Júlio avec l'énergie du désespoir. Il maintint les mains plaquées contre la nuque de la femme, qui lui écorchait la peau avec ses ongles. Il était décidé à ne la lâcher que quand elle aurait cessé de bouger. Il changea d'idée en se souvenant d'une scène dont il avait été le témoin quinze ans plus tôt. Il se vit dans la même position que les hommes qui avaient torturé José Genoino – qui pour lui s'appelait toujours Geraldo – en 1972, dans les forêts de l'Araguaia. De toutes les tortures infligées au jeune guérillero, il avait trouvé que la noyade était la pire. Il ne ferait pas la même chose. Il n'avait jamais trouvé correct de torturer qui que ce soit. D'ailleurs, ce n'était pas son métier. Il était tueur à gages, pas tortionnaire.

De la main droite, il attrapa une serviette bleue accrochée sur une corde à linge à cinquante centimètres de son épaule. Il sortit la tête d'Alzimara du tonneau, sortit son revolver et l'enveloppa dans la serviette pour amortir la détonation. Pendant que la femme tentait de reprendre son souffle, il lui tira une balle dans la tête. Il la replongea dans l'eau jusqu'aux hanches et regagna l'intérieur. Luciano n'était pas encore arrivé. Júlio enleva ses habits militaires, les fourra dans un sac en plastique et sortit de la maison dans ceux qu'il portait sous son uniforme, le chapeau de paille sur la tête. En ouvrant la porte, il vit deux hommes et une grosse dame d'une soixantaine d'années debout à côté du portillon.

– C'était quoi, ces cris ? demanda la dame.

– Quoi ? Oh, rien, répondit Júlio.

– Comment ça, rien ? dit l'un des hommes. On a entendu Alzimara appeler au secours !

– Ici ? Non. Il ne s'est rien passé. Je suis un ami de Luciano.

– Et il est où ? interrogea le même homme, un Noir d'un mètre soixante environ, très costaud.

– Il est là-dedans, dit Júlio en s'approchant du vélo. Vous n'avez qu'à entrer voir si vous voulez.

– Menteur ! lança la dame. On l'a vu partir, et il n'est toujours pas rentré.

– Vous avez tous perdu la tête, on dirait. Bon, excusez-moi, il faut que j'y aille, dit Júlio en montant sur le vélo.

– Attrapez-le ! cria la dame aux deux hommes. Attrapez-le, je vais voir si Alzimara va bien.

Les deux hommes empoignèrent Júlio chacun par un bras.

Moins de trois minutes plus tard, un cri de terreur se fit entendre.

– Dieu du ciel ! hurla la dame. La pauvre petite, ce criminel l'a tuée !

Júlio tenta en vain d'échapper aux deux hommes qui le tenaient. Avant d'être traîné au poste de police, il eut encore le temps de voir Luciano caché au coin de la rue, derrière un réverbère. Il ne pouvait pas croire que, après avoir exercé dans plein de villes du Brésil, il se ferait pincer ici, à Tocantinópolis, à cinq kilomètres de chez lui. Au poste, il fut menotté les mains dans le dos et assis sur une chaise en bois. Face à lui, de l'autre côté de la table, le commissaire Estevão Gomes, un homme maigre aux cheveux très courts, aux yeux sombres et au long nez. Gomes envoya un policier suivre au domicile de la victime les deux hommes qui lui avaient amené Júlio et commença à l'interroger. Júlio resta muet. Sauf pour répéter qu'il était innocent et ne savait rien. Sur la table, le sac en plastique qu'il tenait à la main au moment de sa capture.

– C'est quoi, ça ? demanda le commissaire d'un ton sec et agressif.

– Mes affaires.

– Tu es de la PM ?

– Oui, monsieur.

– Et qu'est-ce qui t'a pris de tuer cette femme, bon sang ?

– Je n'ai tué personne, monsieur. Je vous l'ai déjà dit plusieurs fois.

– Et qui l'a tuée, cette malheureuse ?

– Ah, je ne sais pas.

– Écoute-moi bien. Pendant que tu étais dans la maison, les voisins ont entendu la femme crier et appeler au secours. Tu es sorti juste après, trempé de sueur, et elle a été retrouvée morte. Il n'y avait personne d'autre à l'intérieur. Qu'est-ce que tu voudrais que j'en pense ?

– Pensez ce que vous voulez, monsieur. Mais je n'ai tué personne.

– Petit rigolo. On verra si tu es encore d'humeur à plaisanter après quelques jours à l'ombre.

Avec l'aide d'un autre policier, le commissaire enferma Júlio dans la cellule du poste, debout, menotté aux barreaux, les mains devant.

De sa cellule, il entendait claquer les touches de la machine à écrire utilisée pour enregistrer la déposition de la femme qui l'avait dénoncée. Tout ce que la femme disait, le commissaire le répétait pour que le greffier le marque dans le procès-verbal (PV). Moins d'une heure après, le policier qui était allé chez Luciano revint au poste en disant que la femme du commerçant avait bien été assassinée, d'une balle dans la tête.

– Et le mari ? demanda le commissaire.

– Des voisins l'ont vu sortir de chez lui, répondit le policier, mais il n'est pas encore rentré.

Cette nuit-là, pour la première fois de sa vie, Júlio Santana allait être torturé. Toujours menotté aux barreaux de la cellule, il fut frappé par le commissaire et des deux autres policiers à coups de pied, de poing et de matraque. L'un d'eux lui ouvrit la lèvre supérieure et lui laissa un goût amer de sang dans la bouche. Le commissaire Estevão Gomes disait que, s'il avouait son crime, le passage à tabac serait interrompu. Mais Júlio continuait à affirmer son innocence. Il était prêt à nier jusqu'à la mort le meurtre de cette femme. La raclée ne prit fin qu'au lever du jour.

– On reviendra tout à l'heure terminer notre petite conversation, dit le commissaire avec un sourire sarcastique.

Júlio voulut répondre qu'il n'avait rien à dire mais n'en eut pas la force. Il sentait son dos et son ventre brûler de douleur. Sa lèvre fendue n'en finissait pas de saigner. Les jambes engourdies par la fatigue – il était debout depuis près de douze heures – et tout le corps endolori par les coups de la nuit, il crut rêver en entendant la voix de sa femme. Il était à moitié endormi, les yeux fermés, les coudes appuyés contre la grille et la tête posée sur les paumes. Mais il aurait reconnu cette voix n'importe où et dans n'importe quelles circonstances. Il entendait sa femme parler avec le commissaire mais n'arrivait pas à comprendre ce qu'ils disaient. Il trouvait très étrange que son épouse soit en train de bavarder avec ce type. Il essaya de l'appeler par son prénom, à haute voix. Il n'y eut pas de réponse. Il cria encore deux ou trois fois, jusqu'à ce qu'un policier arrive devant la cellule et lui ordonne de se calmer.

– Ta femme viendra te voir après avoir parlé au commissaire.

– Je veux qu'elle vienne tout de suite ! protesta fermement Júlio.

– Et depuis quand c'est toi qui commandes, ici ? Si tu continues à nous emmerder, le commissaire renverra ta femme sans que tu aies pu la voir. Tu as intérêt à rester bien tranquille.

Júlio se sentit le pire des hommes en voyant son épouse s'approcher de la cellule. Pour lui, il n'y avait rien de plus humiliant que d'être vu par elle dans cette situation. Prisonnier, roué de coups, les vêtements déchirés. Pendant une conversation qui dura dix minutes, elle dit qu'elle avait appris son arrestation par l'homme qui l'avait engagé. Juste après la capture de Júlio, Luciano s'était rendu chez eux et lui avait tout raconté. Il avait dit, entre autres, que ce commissaire était connu pour accepter des pots-de-vin et laisser filer des criminels emprisonnés. Comme l'affaire était très grave – un assassinat –, il faudrait lui donner quelque chose de grande valeur pour le convaincre de relâcher son mari. C'était Luciano lui-même qui avait eu l'idée d'offrir la moto de Júlio en échange de sa liberté. À la fin de sa discussion avec Estevão Gomes, elle lui avait remis les clés et les papiers de la moto, contre la promesse que son mari serait chez lui dans l'après-midi.

– Tu es devenue folle, ma femme ! s'emporta Júlio.

– Tu passes ta vie à tuer des gens, et c'est moi qui suis folle ?

– Ce fumier va garder ma moto et ne me relâchera jamais. Ces bandits de flics vont me tuer ici même !

– Ça ne se passera pas comme ça.

– Qu'est-ce que tu en sais ?

– Tu me prends pour une idiote, hein ? C'est toi l'idiot de la famille, Júlio, à force de chercher les ennuis. Regarde dans quelle situation tu nous mets !

– Je veux que tu me dises comment tu sais que le commissaire va vraiment me relâcher.

– Avant de lui remettre les clés de la moto, j'ai demandé une garantie. Et il m'a donné le PV, dit-elle en sortant le procès-verbal d'une poche de son bermuda.

– Et alors ?

– Le commissaire a dit que ce PV était le seul document qui t'incrimine. Sans PV, il n'y a aucune preuve contre toi. Et comme tu vas t'évader, personne ne pourra faire le lien entre la mort de cette malheureuse que tu as assassinée et ton nom. Tu comprends ?

– C'est vrai. C'est juste que je ne sais pas si ça va marcher.

Elle continua en disant qu'il aurait aussi en sa faveur la déposition que Luciano viendrait faire au commissariat pour affirmer que Júlio était vraiment son ami et que jamais il n'aurait tué Alzimara. C'était la meilleure manière pour le commerçant d'éviter qu'on l'accuse d'avoir participé au meurtre de sa femme. Si Júlio restait en prison, il y avait de très grandes chances que Luciano soit lui aussi arrêté par la police.

– D'accord, dit Júlio. Et je vais pouvoir sortir quand ?

– Le commissaire m'a dit qu'à midi pile, ses deux hommes et lui vont sortir déjeuner. Il va laisser la porte de la cellule et celle de l'entrée ouvertes. Le sac où tu as mis tes vêtements de la police militaire et ton arme sera sous son bureau. Tu n'auras qu'à mettre ton uniforme et quitter cet enfer.

– Ça a l'air facile. Et ma moto ?

– Oublie cette moto, Júlio. Tu n'as plus de moto. Je vais rentrer à la maison. On rediscutera de tout ça à ton retour.

– Pardonne-moi de t'avoir fait honte comme ça, dit-il sans oser regarder sa femme en face.

– Ça, pour moi, ce n'est rien. La grande honte de ma vie, c'est d'être mariée à un assassin.

Júlio ne releva la tête que lorsque le frottement des sandales de sa femme sur le sol en ciment du poste se fut éloigné. Il eut le temps de voir son ombre glisser sur le mur. Il ne savait pas ce qui était le pire : rester ici, enfermé et avec des douleurs partout, ou rentrer chez lui, où une humiliation plus grande l'attendait à coup sûr. Mais il savait que sa femme avait raison. Et tout se passa exactement comme elle le lui avait dit. À midi, le commissaire ouvrit la cellule, détacha ses menottes et s'en alla avec les deux autres policiers. Vêtu de son uniforme de la police militaire, Júlio partit calmement à pied dans les rues poussiéreuses de Tocantinópolis. Il marcha jusqu'au bord du fleuve et monta dans une pirogue qui le laissa de l'autre côté, à Porto Franco. Sa moto était toujours là où il l'avait laissée, sous un manguier. Cette Honda 125 rouge, qu'il avait achetée à peine quatre mois plus tôt, ne lui appartenait maintenant plus. Mais il valait mieux perdre une moto que perdre la liberté.

Jamais il n'oublierait ce mardi, le 12 mai 1987. Quand il rentra chez lui, vingt minutes après son départ du poste de police, sa femme le reçut sans dire un mot. Il prit une douche et sentit l'eau lui piquer le dos. Sa bouche saignait encore. Il mit un bermuda et, assis sur la cuvette des toilettes, il commença à se lisser les sourcils avec le pouce et l'index de la main droite en essayant de trouver le courage d'affronter son épouse. Il sortit de la salle de bains et s'allongea sur leur lit. Sa femme arriva peu après avec une serviette et une bassine en fer-blanc pleine d'eau chaude. Elle lava les plaies de Júlio – qui gémissait de douleur – et lui passa de la pommade sur la lèvre supérieure. Elle continuait à se taire. Elle n'ouvrit la bouche que pour dire qu'elle l'aimait beaucoup mais qu'elle ne savait pas combien de temps elle supporterait encore cette vie affreuse de femme de tueur. Il répondit que lui aussi l'aimait et qu'il ne laisserait plus son travail s'insinuer entre eux – ils étaient mariés depuis trois ans et deux mois.

– Tu ne comprends pas, hein ? dit-elle en pleurant, les mains tremblantes. Tu ne vois pas qu'un travail aussi infernal ne peut que nous gâcher la vie ?

– Mais c'est mon métier.

– Écoute bien ce que je vais te dire, Júlio. Soit tu changes de métier, soit je te quitterai un jour.

– Tu as raison. Je te promets de tout faire pour arrêter ces boulots et trouver autre chose. J'ai juste besoin de temps.

Cette nuit-là, ils dormirent enlacés. Júlio se sentait protégé dans les bras de sa femme. C'était comme si rien de mal ne pouvait lui arriver. Le poids et la culpabilité des morts qu'il avait causées semblaient disparaître quand elle le serrait contre elle de cette manière. Mais sa promesse de renoncer au métier d'assassin pour vivre en paix avec les siens mettrait encore dix-neuf ans à s'accomplir et ne deviendrait réalité qu'à partir de cette nuit d'août 2006, quand Júlio et sa famille quittèrent Porto Franco à bord d'un camion. Deux mois plus tôt, à Carolina, dans le Maranhão, il avait tué sa dernière victime, un fonctionnaire dont le propre fils voulait la mort. Le jeune homme, âgé de vingt-quatre ans, avait payé Júlio 900 réaux pour assassiner son père, qui rentrait saoul tous les soirs et battait sa femme. Cette nuit-là, après le crime, Júlio revint à la maison décidé à ne plus tuer personne de sa vie. Après la douche, il s'allongea à côté de sa femme, posa le bras droit sur son dos et murmura :

– C'est fini.

Il n'y eut pas de réponse.

Il ne sut qu'elle l'avait entendu qu'au petit-déjeuner, quand elle demanda si elle pouvait croire à ce qu'il avait dit au lit. Après que Júlio eut répondu que jamais plus il ne tuerait, tous deux eurent une conversation détendue, presque joyeuse, comme ça ne leur était plus arrivé depuis des années. Ils commencèrent à tracer des plans pour l'avenir. Ils s'achèteraient un lopin de terre, dans une ville quelconque de l'intérieur du Brésil, et ils vivraient de leurs récoltes et des vêtements que sa femme coudrait sur son temps libre. Leur ferme devrait être près d'une plus grande ville, d'au moins deux cent mille habitants, pour que leurs enfants aient accès à de bonnes écoles et aux choses qu'ils aimaient, comme le shopping, les fêtes et le cinéma. Tout paraissait trop parfait à la femme de Júlio, qui ne crut son mari pour de bon que le jour où il rentra à la maison, vers la mi-août, en disant que la ferme était achetée.

Sur la propriété, il y avait une grande maison – de cent vingt mètres carrés – avec trois chambres, une cuisine spacieuse, deux salles de bains – dont une à l'extérieur – et une terrasse où on pouvait accrocher quatre hamacs. L'endroit disposait de l'eau courante et de l'électricité. À quatre cents mètres environ, un ruisseau à l'eau propre serait parfait pour que les enfants s'amusent. L'ancien propriétaire avait planté du manioc, du riz, du maïs, des tomates et des laitues. Júlio entretiendrait ces cultures. Il y avait aussi des manguiers, des goyaviers, des jacquiers et des caramboliers, en plus de quelques poules et des cochons. Après avoir passé trente-cinq ans à tuer des gens dans tout le Brésil, il voyait cet endroit comme le refuge idéal pour passer le restant de ses jours en famille et en paix. Il était tellement tranquille qu'il dormit pendant le trajet entre Porto Franco et Palmas, effectué dans le camion d'un ami, en cette nuit d'août 2006.

Júlio, sa femme, son fils et sa fille passèrent le jour suivant – un dimanche étouffant – dans la capitale du Tocantins et prirent un car qui quitta la gare routière à 19 h 30 en direction de Brasília. Pendant le voyage, qui dura douze heures, son épouse et ses enfants montrèrent une joie qui lui donna la certitude d'avoir fait le bon choix. Depuis la capitale fédérale, ils rejoignirent la région où ils allaient maintenant vivre. Ils arrivèrent à la ferme un mardi de forte chaleur en fin d'après-midi. Tous furent satisfaits et heureux de ce qu'ils virent – Júlio était déjà venu au moment d'acheter la propriété. Ce soir-là, sa femme et lui firent l'amour comme ça ne leur était plus arrivé depuis longtemps. Sans la barrière que son métier de tueur à gages dressait entre eux, tout serait différent. Tout serait mieux. Le lendemain matin, étendu dans un hamac sur la terrasse, il regarda sa femme balayer le carrelage et ses enfants courir dans l'ombre des arbres. Du pied gauche, il poussa fort contre le mur et resta à se balancer, les bras croisés sur la poitrine.

C'était la première fois de sa vie qu'il se sentait réellement heureux depuis l'après-midi du 7 août 1971, où, à dix-sept ans, il avait tué le pêcheur Amarelo. À cinquante-deux ans, il allait enfin pouvoir vivre pour de bon, débarrassé de cette obligation infernale d'assassiner un malheureux ici et là pour payer les factures et nourrir la famille. Ses enfants ne sauraient jamais qu'ils avaient un père au passé tellement effrayant. Il espérait que, avec le temps, sa femme aussi oublierait tout le mal qu'il avait fait. Et Dieu, sûrement, ne lui refuserait pas Son pardon. Il avait décidé que pour rien au monde il ne se remettrait à tuer. Déjà parce que personne, ici, ne connaissait son histoire. Du coup, on ne lui proposerait pas ce genre de boulot. Et même si on le lui proposait, la réponse serait non. Aucune somme au monde ne lui ferait ôter la vie d'un autre. Il n'avait plus besoin d'argent. Il avait déjà tout ce qui était nécessaire à son bonheur : une bonne maison, une terre et sa famille. Et il lui restait même une partie de ses économies à la caisse d'épargne.

Júlio Santana a l'habitude de dire que, s'il ne vit pas totalement en paix, c'est seulement parce qu'il lui arrive encore de rêver à certaines de ses victimes. La dernière fois que cela s'est produit – le 6 septembre 2006 –, il s'est réveillé en nage, au beau milieu de la nuit. Il s'est épongé le front d'un revers de main et est allé s'allonger dans un des hamacs de la terrasse. Dans son cauchemar, il venait de voir le visage ensanglanté du garimpeiro João Baiano, le jeune homme de dix-neuf ans tué par erreur à Serra Pelada, en 1982. Júlio croit qu'il continue à faire ce genre de rêve parce qu'il n'a pas été entièrement pardonné de tous ses crimes. Quand cela arrive, il récite les dix *Je vous salue Marie* et les vingt *Notre Père* qui, d'après son oncle Cícero, auraient dû lui apporter le pardon. Et il se rendort.

Bonjour, nous vous remercions d'avoir acheté ce livre et nous aimerions pouvoir vous connaître mieux, lire vos commentaires sur nos publications, vous informer de nos nouveautés, vous offrir la primeur des premiers chapitres de nos textes à paraître, vous prévenir quand nous organisons une rencontre près de chez vous. Pour ce faire il vous suffit de nous envoyer votre mail et la ville dans laquelle vous habitez à : redaction@metailie.fr.

Rappelons aussi qu'en scannant le QR code ci-dessous ou en entrant **metailie.premierchapitre.fr** dans la barre d'adresse de votre navigateur (sur ordinateur, tablette ou smartphone), vous accédez directement aux derniers extraits de nos nouveautés à paraître. Gardez cette adresse dans vos favoris ou sur l'écran d'accueil de votre smartphone et vous serez constamment à la page !

Bibliothèque hispano-américaine

Histoires d'amour d'Amérique latine
Présentées par Claude Couffon

Selva Almada
Après l'orage
Les Jeunes Mortes

Eugenia Almeida
L'Autobus
La Pièce du fond
L'Échange

Federico Andahazi
La Villa des mystères

José María Arguedas
Yawar fiesta
El Sexto

Jaime Avilès
La Nymphe et le sous-commandant

J. Blanc, J. Hocquenghem, Y. Le Bot et R. Solis
La Fragile Armada (La marche des zapatistes)

Piedad Bonnett
Ce qui n'a pas de nom

Alfredo Bryce-Echenique
Le Petit Verre de ces dames
Ne m'attendez pas en avril
Noctambulisme aggravé
L'Amygdalite de Tarzan
Guide triste de Paris
Le Verger de mon aimée
Une infinie tristesse

Pablo Casacuberta
Scipion
Ici et maintenant

Horacio Castellanos Moya
La Servante et le Catcheur
Le Rêve du retour

Ana Clavel
Les violettes sont les fleurs du désir

Mario Delgado Aparaín
La Ballade de Johnny Sosa
Une histoire de l'humanité
Les Pires Contes des frères Grim (avec L. Sepúlveda)

Pablo de Santis
Le Théâtre de la mémoire
La Traduction
Le Calligraphe de Voltaire
Le Cercle des douze
La Soif primordiale
Crimes et jardins

Jesús Díaz
Les Paroles perdues
La Peau et le Masque
Parle-moi un peu de Cuba
Les Initiales de la terre

Ramón Díaz-Eterovic
Les Sept Fils de Simenon
La mort se lève tôt
Les Yeux du cœur
La Couleur de la peau
L'Obscure Mémoire des armes
Le Deuxième Vœu

Alicia Dujovne-Ortiz
L'Étoile rouge et le Poète

Mauricio Electorat
Sartre et la Citroneta

Jorge Franco
Melodrama
Le Monde extérieur

Santiago Gamboa
Perdre est une question de méthode
Les Captifs du Lys blanc
Esteban le héros
Le Syndrome d'Ulysse
Nécropololis 1209
Prières nocturnes
Retourner dans l'obscure vallée

Mempo Giardinelli
Fin de roman en Patagonie

Javier Gonzalez Rubio
T'aimer fut mon châtiment

Rafael Gumucio
La Dette

Sylvia Iparraguirre
La Terre de Feu

Alejandro Jodorowsky
L'Arbre du Dieu pendu
L'Enfant du Jeudi noir

Miguel Littín
Le Voyageur byzantin
Le Bandit aux yeux transparents

Federico Mastrogiovanni
Ni vivants ni morts

Élmer Mendoza
L'Épreuve de l'acide

Daniel Mordzinski
Cronopios

Elsa Osorio
Luz ou le temps sauvage
Tango
Sept nuits d'insomnie
La Capitana
Double fond

Leonardo Padura
Électre à La Havane
L'Automne à Cuba
Passé parfait
Le Palmier et l'Étoile
Vents de carême
Les Brumes du passé
L'homme qui aimait les chiens
Hérétiques
Ce qui désirait arriver

Ángel Parra
Mains sur la nuque
Bienvenue au paradis

Alfredo Pita
Le Chasseur absent

Alicia Plante
Les Eaux du tigre

Horacio Quiroga
Contes d'amour de folie et de mort
Anaconda
Les Exilés
Au-delà
Le Désert

Sergio Ramírez
Il pleut sur Managua

Pablo Ramos
L'Origine de la tristesse
Encore cinq minutes María
Hernán Rivera Letelier
La reine Isabel chantait des chansons d'amour
Le Soulier Rouge de Rosita Quintana
Mirage d'amour avec fanfare
Les trains vont au purgatoire
Les Fleurs noires de Santa María
Le Virtuose
Malarrosa
L'Art de la résurrection

Santiago Roncagliolo
La Peine capitale

Evelio Rosero
Les Armées
Le Carnaval des innocents

Carlos Sampayo
L'année où le lion s'est échappé

Canek Sánchez Guevara
33 révolutions

Antonio Sarabia
Le Ciel à belles dents
Les Invités du Volcan
La Femme de tes rêves

Luis Sepúlveda
Le vieux qui lisait des romans d'amour
Le Monde du bout du monde
Un nom de torero
Le Neveu d'Amérique

Histoire d'une mouette et du chat qui lui apprit à voler
Rendez-vous d'amour dans un pays en guerre
Journal d'un tueur sentimental
Les Roses d'Atacama
La Folie de Pinochet
Une sale histoire
Les Pires Contes des frères Grim (avec M. Delgado Aparaín)
La Lampe d'Aladino et autres histoires pour vaincre l'oubli
L'ombre de ce que nous avons été
Histoires d'ici et d'ailleurs
Dernières nouvelles du Sud (avec D. Mordzinski)
Histoire du chat et de la souris qui devinrent amis
(illustré par J. Jolivet)
Ingrédients pour une vie de passions formidables
Histoire d'un escargot qui découvrit l'importance de la lenteur
(illustré par J. Jolivet)
L'Ouzbek muet et autres histoires clandestines
Deux idées de bonheur (avec C. Petrini)
Histoire d'un chien mapuche (illustré par J. Jolivet)
La Fin de l'histoire

Enrique SERNA
Quand je serai roi
Coup de sang
La Double Vie de Jesús

Karla SUÁREZ
Tropique des silences
La Voyageuse
La Havane année zéro

Paco Ignacio TAIBO II
Le Rendez-vous des héros
De passage
L'Année où nous n'étions nulle part
Archanges
Ces foutus tropiques
Le Retour des Tigres de Malaisie

Amir VALLE
La Havane-Babylone

Imprimé en France par CPI
en novembre 2017

Cet ouvrage a été composé par
Atlant'Communication
au Bernard (Vendée)

N° d'édition : 0348001 – N° d'impression : 143999
Dépôt légal : janvier 2018